मैं वॉरेन बफे बोल रहा हूँ

मैं वॉरेन बफे बोल रहा हूँ

सं. महेश शर्मा

प्रभात पेपरबैक्स
www.prabhatbooks.com

प्रकाशक

प्रभात पेपरबैक्स

4/19 आसफ अली रोड, नई दिल्ली–110002

फोन : 23289555 • 23289666 • 23289777 ❖ फैक्स : 23253233

इ–मेल : prabhatbooks@gmail.com ❖ वेब ठिकाना : www.prabhatbooks.com

संस्करण

2018

मूल्य

एक सौ पचास रुपए

अ.मा.पु.स. 978-93-5186-523-0

मुद्रक

नरुला प्रिंटर्स, दिल्ली

MAIN WARREN BUFFETT BOL RAHA HOON
Ed. Mahesh Sharma

Published by **PRABHAT PAPERBACKS**
4/19 Asaf Ali Road, New Delhi-110002

ISBN 978-93-5186-523-0

₹ 150.00

''क्रेडिट कार्ड की मानसिकता से दूर रहें और अपने आप पर ही निवेश करें। संपत्ति ने मनुष्य का निर्माण नहीं किया है, बल्कि मनुष्य ने संपत्ति ईजाद की है। अपनी जिंदगी को जितनी सहजता और सरलता से जी सको, जीने की कोशिश करो।''

अपनी बात

उन्हें उनके नाम से कम और 'शेयर बाजार के जादूगर', 'बर्कशायर के बादशाह', 'वॉल स्ट्रीट के बड़े खिलाड़ी' और 'ऑरकेल ऑफ ओमाहा' के नाम से ज्यादा जाना जाता है। जी हाँ, हम बात कर रहे हैं वॉरेन बफे की। एक सामान्य कद-काठी और मजाकिया हाव-भाव रखनेवाले इस शख्स को देखकर कहीं से नहीं लगता कि यह दुनिया का तीसरा सबसे बड़ा और अमेरिका का दूसरा सर्वाधिक अमीर आदमी हो सकता है। दुनिया भर के प्रबंधन संस्थानों के छात्रों के लिए आज भी नन्हे वॉरेन बफे का संघर्ष एक केस स्टडी की तरह है। अमेरिकी स्कूलों के बच्चों को च्यूइंगम, सोडा, कोक तथा अखबार बेचते वॉरेन की कहानी स्वावलंबन की प्रेरणा देने के लिए सुनाई जाती है।

वॉरेन बफे की शख्सियत को समझना या उनके बारे में कोई एक राय बना पाना शेयर बाजार की तरह ही पेचीदा है। एक ओर जहाँ वे वॉल स्ट्रीट में पाई-पाई के लिए जोड़-तोड़ करते रहते हैं, वहीं दूसरी ओर एक ही बार में अपनी जिंदगी भर की कमाई को परोपकार के नाम पर कुरबान कर देते हैं।

इस पुस्तक में उनकी संक्षिप्त जीवनी के साथ उनके समसामयिक कथन दिए गए हैं, जो उनके अनुभव के जीवंत साक्षात्कार हैं। जो संघर्ष, संयम, मितव्ययिता, परोपकार और अति दूरदृष्टि जैसे गुणों की सीख के साथ-साथ सूझ-बूझ से धन कमाने की प्रेरणा और प्रोत्साहन देते हैं।

—महेश शर्मा

संक्षिप्त जीवनी

अमेरिका के वॉरेन बफे बिल गेट्स और कार्लोस स्लिम के बाद दुनिया के तीसरे सबसे बड़े रईस हैं; लेकिन बफे दुनिया के किसी भी रईस से हर मायने में अलग हैं। 'फोर्ब्स' पत्रिका के मुताबिक, वॉरेन के पास 52.4 अरब की संपत्ति है। अगर इसे भारतीय रुपयों में गिना जाए तो यह राशि 2 हजार 620 अरब रुपए की होती है। अपनी संपत्ति का 80 प्रतिशत एक पारमार्थिक संगठन को दान देकर बफे अमेरिकी इतिहास में इतनी बड़ी राशि दान करनेवाले पहले व्यक्ति हो गए।

अमेरिका के ओमाहा के नेब्रास्का में 30 अगस्त, 1930 को जनमे बफे के पिता शेयर बाजार में कारोबारी थे। उन्होंने 11 साल की उम्र में अपने पिता के साथ शेयर बाजार से अपने कारोबारी जीवन की शुरुआत की और अपने जेब-खर्च का पैसा निकालने के लिए अखबार भी बेचे। इसके बाद अपनी कुशाग्र कारोबारी बुद्धि का भरपूर उपयोग करते हुए शेयरों में निवेश शुरू किया और खूब पैसा कमाया।

बफे की जीवन-शैली बड़ी सरल है। वे आज भी उसी घर में रहते हैं, जो उन्होंने 50 साल पहले खरीदा था। वे अपनी कार खुद चलाते हैं। न तो उनके पास कोई ड्राइवर है, न कोई सुरक्षा गार्ड। वे कभी निजी विमान से यात्रा नहीं करते, जबकि वे दुनिया की सबसे बड़ी निजी

विमान कंपनी के मालिक हैं। उनकी कंपनी बर्कशायर हैथवे के स्वामित्व में 63 कंपनियाँ हैं। वे अपने सभी सी.ई.ओ. को साल में केवल एक बार पत्र लिखते हैं, जिसमें पूरे साल किए जानेवाले कामों के बारे में सुझाव भर देते हैं। वे कभी अपने अधिकारियों या कारोबारियों के साथ कोई बैठक नहीं करते।

वे अपना समय कभी भी ऊँचे और रसूखदार लोगों की होनेवाली पार्टियों में नहीं बिताते। वॉरेन के पास न तो अपना कोई निजी मोबाइल फोन है, न कंप्यूटर या लैपटॉप। खाली समय में वे या तो अपने लिए पॉपकॉर्न बनाकर खाते हैं या टी.वी. देखते हैं।

आरंभिक जीवन और उद्यमशीलता

बहुत छोटी उम्र में ही बफे व्यापार से आकर्षित हुए। किशोरा अवस्था में उन्होंने जेब-खर्च के पैसों के लिए तरह-तरह के पापड़ बेले। घर-घर जाकर च्यूइंगम, सोडा और पत्रिकाएँ बेचीं; अपने दादा की किराने की दुकान पर काम किया; लोगों के घरों में अखबार पहुँचाए। उनकी कर्मशक्ति असाधारण थी। अपना पहला आय कर रिटर्न उन्होंने मात्र 14 साल की उम्र में भरा। इतना ही नहीं, उन्होंने अपने समाचार-पत्र पहुँचाने के 'व्यापार' में इस्तेमाल होनेवाली साइकिल और घड़ी के लिए 35 डॉलर की कर कटौती भी ली। जाहिर है कि उनमें गजब की व्यावसायिक प्रतिभा थी।

उनकी किशोरावस्था की उद्यमशीलता के और भी कई उदाहरण हैं। बफे जब 15 साल के थे, उन्होंने अपने एक दोस्त के साथ मिलकर 25 डॉलर में एक पिनबॉल मशीन खरीदी। उसे उन्होंने पड़ोस की नाई की एक दुकान में रख दिया। लड़के जब वहाँ बाल कटाने आते तो अपनी बारी का इंतजार करते। समय और थोड़े से पैसे देकर पिनबॉल

खेलते। यह विचार बहुत सफल रहा। कुछ ही महीनों में उन दोनों ने कई पिनबॉल मशीनें खरीदकर उन्हें अलग-अलग दुकानों पर रख दिया।

बफे बड़े कुतूहली बालक थे। 11 साल की उम्र में वे 'न्यूयॉर्क स्टॉक एक्सचेंज' गए। उन्होंने शेयर बाजार से कुछ शेयर भी खरीदे और अच्छी आमदनी की। अपने पिता और कुछ अन्य लोगों के साथ मिलकर उन्होंने एक छोटा फार्म खरीदा, जिसे उन्होंने एक किसान को काश्तकारी के लिए दे दिया। ऐसी छोटी-छोटी पहलों के फलस्वरूप कॉलेज की पढ़ाई पूरी करने तक बफे ने 1 लाख डॉलर की रकम जमा कर ली थी।

उनकी महत्त्वाकांक्षा ने उन्हें अपने भविष्य का मार्ग प्रशस्त करने के लिए प्रेरित किया। हमें उनकी सोच में स्पष्टता और उद्यमशीलता के स्पष्ट लक्षण दिखाई देते हैं। अपने कार्य के प्रति उनमें नैतिकता और अपने लक्ष्य को पाने के लिए समर्पण था। इसकी तुलना हम ऐसे कर सकते हैं कि हम सुबह 6 बजे के व्यायाम और क्रिकेट खेलने जाने से पहले के काम से किस तरह कतराते हैं।

बफे को नई-नई चीजें आजमाने का बहुत शौक था। उन्हें फैसले लेने से जरा भी डर नहीं लगता था—ऐसे फैसले भी, जो हमारे स्तर से भी जबरदस्त हों। उनमें गजब का आत्मविश्वास था। यह न केवल उनके नए जोखिम भरे कदमों में दिखता है, बल्कि दूसरों से अपने विचारों की चर्चा करने या उन्हें वे विचार बेचने की क्षमता में भी प्रकट होता है। आप कल्पना करें उस 15 वर्ष के किशोर की, जिसने अपनी पहली पिनबॉल मशीन रखने के लिए सैलून के मालिक को मना लिया।

चार्ली मुंगेर, उनके साझीदार और बर्कशायर हैथवे के उपाध्यक्ष लगभग 20 वर्षीय वॉरेन बफे के बारे में बताते हैं कि वे बातूनी, ऊर्जा से भरपूर और जिज्ञासु थे। उनके इन्हीं गुणों ने दोनों को तुरंत एक-दूसरे के निकट

ला दिया। जो कुछ मैंने पढ़ा है, उससे पता चलता है कि बफे अपनी उम्र के दूसरे लड़कों से कहीं अधिक परिपक्व थे। उनकी सोच की परिपक्वता आज भी साफ उजागर होती है।

बेंजामिन ग्राहम का प्रभाव

वॉरेन बफे पढ़ने के लिए वार्टन गए। फिर वहाँ से नेबरास्क यूनिवर्सिटी चले गए। वहाँ से वे 20 वर्ष की उम्र से कुछ ही पहले स्नातक बने। तब तक बेंजामिन ग्राहम की बहुत ख्याति फैल चुकी थी और वे कोलंबिया यूनिवर्सिटी में पढ़ाने लगे। वॉरेन बफे ने उनसे पढ़ने के लिए कोलंबिया यूनिवर्सिटी में दाखिला लिया और वहाँ से स्नातकोत्तर की उपाधि पाई।

कहा जाता है कि इसके बाद उन्होंने ग्राहम की निवेश कंपनी में मुफ्त काम करने के लिए आवेदन किया। लेकिन उसे अस्वीकृत कर दिया गया। लेकिन कुछ साल काम करने के बाद अंततः उन्होंने ग्राहम के सन् 1956 में कार्य-मुक्त होने से पहले दो साल तक उनके साथ काम करने का अवसर पा ही लिया। इस कहानी से बफे की एक और विशेषता उजागर होती है। जिसे हम अपना गुरु मानते हैं, उनके द्वारा अस्वीकृत हो जाने के बाद किसी भी आम आदमी के हौसले पस्त हो जाएँगे; पर वॉरेन बफे के मामले में ऐसा नहीं था। वे जुटे रहे। उन्होंने अपनी कुशलता बढ़ाने के लिए सार्वजनिक संभाषण और निवेश-प्रबंधन की पढ़ाई शाम के समय अतिरिक्त की।

पूँजी-निवेश का कारोबार

ग्राहम के बाद उन्होंने साझेदारी में निवेश का काम शुरू किया। कंपनी का नाम 'बफे पार्टनरशिप' रखा और वापस ओमाहा आ गए।

उनका व्यापार खूब फला-फूला। पाँच साल के अंदर-अंदर उन्होंने इसका विस्तार करके सात साझेदारियाँ कर ली थीं।

वर्ष 1965 में वॉरेन बफे ने एक वस्त्र कंपनी 'बर्कशायर हैथवे' के शेयर खरीदने शुरू कर दिया। उनके विचार में कंपनी के शेयर क्षमता से कम आँके जा रहे थे। एक साल के अंदर उन्होंने कंपनी पर अपने नियंत्रण लायक शेयर खरीद लिये थे। उनका तर्क एकदम सीधा था—बर्कशायर हैथवे का शेयर मूल्य उस समय 15 डॉलर प्रति शेयर था, जबकि उसकी कार्यशील पूँजी 19 डॉलर प्रति शेयर थी। इसके अलावा, उसके पास वस्त्र-उत्पादन के लिए संयंत्र और मशीनरी थी। इसका अर्थ यह था कि उसके ग्राहकों की बर्कशायर हैथवे के प्रति जितनी देनदारी थी, उसमें से हैथवे की उसके आपूर्तिकर्ताओं के प्रति देनदारी घटा दें तो जो राशि बचती थी, वह कंपनी के कुल मूल्य से अधिक थी—यानी कपड़ा मिल मुफ्त में मिल रही थी।

कम मूल्यांकनवाली कंपनियों की खोज बेंजामिन ग्राहम की प्रमुख शिक्षाओं में एक थी और समय-समय पर यह प्रकरण सामने आता था। 'बर्कशायर हैथवे' उनका ऐसा पहला निवेश नहीं था, क्योंकि उसे उनकी मूल नियंत्रणवाली कंपनी बनना था। कालांतर में उसे बीमा, खुदरा व्यापार एवं कई अन्य व्यवसायों में अपना विस्तार करना था। उसे बाजार की अग्रणी कंपनियों—क्रेडिट रेटिंग कंपनी मूडीज, शीतल पेय कंपनी कोका कोला, क्रेडिट कार्ड कंपनी अमेरिकन एक्सप्रेस और समाचार-पत्र कंपनी 'वाशिंगटन पोस्ट' आदि के शेयर बड़े पैमाने पर खरीदने थे। वर्ष 2008 के आर्थिक संकट के बाद जनरल इलेक्ट्रिक और गोल्डमैन सेश सरीखी ब्लूचिप कंपनियों को करोड़ों डॉलर की आवश्यक पूँजी देने वाली कंपनी बनी।

ऊँची परवाज

वॉरेन बफे की उन्नति बहुत सहज और नियमित थी। हालाँकि उनका हरेक सौदा सफल नहीं रहा, पर उनकी दौलत निवेश बाजार के उतार-चढ़ाव के साथ घटी-बढ़ी नहीं। वर्ष 1962 तक वे 10 लाख डॉलर से अधिक के मालिक बन चुके थे। सन् 1979 तक उनकी निवल संपत्ति 60 करोड़ डॉलर से अधिक हो गई थी। तब उनका नाम पहली बार 'फोर्ब्स' पत्रिका की 400 धनवानों की सूची में आया। वर्ष 1990 तक वे अरबपति बन चुके थे। सन् 2008 में वे विश्व के सबसे धनी व्यक्ति बन गए और पिछले पूरे दशक में वे 10 शीर्ष धनवानों की सूची में रहे। वर्ष 2010 में उनकी संपत्ति 45 अरब डॉलर आँकी गई और वह 'फोर्ब्स' की 400 धनवानों की सूची में दूसरे नंबर पर आ गए।

उनके अपने शहर ओमाहा की लोकप्रिय शेयरहोल्डरों की वार्षिक मीटिंग में वर्ष 1981 में जहाँ कुल 12 शेयरधारक आए थे, वहीं वर्ष 2010 की मीटिंग में 35,000 शेयरधारक आए। इससे पता चलता है कि उनकी मान्यता कितनी बढ़ी है!

'बर्कशायर हैथवे' के डेविड गॉट्समैन और फ्रैंकलिन ओटिस बूथ जैसे आरंभिक निवेशक सिर्फ इसलिए अरबपति बन गए, क्योंकि उन्होंने वॉरेन बफे के बारे में शुरुआत में ही जान लिया था। एक और बात, जिसे कम लोग जानते हैं, वह यह है कि बिल गेट्स, जो वॉरेन बफे के साथ विश्व के सर्वाधिक धनी होने का स्थान कुछेक वर्षों के अंतर से बाँटते रहते हैं, उम्र में 25 वर्ष के अंतर के बावजूद बफे के करीबी दोस्त हैं। वे अब 'बर्कशायर हैथवे' के दूसरे सबसे बड़े शेयरधारक हैं। महान् चेता एक जैसी सोच रखते हैं।

'बर्कशायर हैथवे' ने निरंतर बाजार को बड़े अंतर से पछाड़ा है।

अगर आपने वर्ष 1964 में एस. एंड पी. इंडेक्स में 100 डॉलर का निवेश किया होता तो आज आपके पास 5,430 डॉलर होते। वही राशि अगर आपने 'बर्कशायर' में निवेश

की होती तो आपके पास 4,34,000 डॉलर से थोड़ा अधिक ही होता। इसीलिए तो महान् हैं वॉरेन बफे! एक और बात, यह तो खाता-मूल्य आधारित संकुचित आँकड़े हैं, न कि बाजार मूल्य लाभ पर आधारित। बफे की राय में उपलब्धि को आँकने के लिए खाता-मूल्य सर्वश्रेष्ठ पैमाना है। लेकिन अगर आप बाजार-लाभ के आधार पर आकलन करें, जैसाकि सभी फंड और निवेश कंपनियाँ करती हैं, तो आपके 100 डॉलर 8,00,000 डॉलर के समतुल्य बन गए होते। जो लोग बीच में ही छोड़ना चाहते हों, उनके लिए पाँच सालों की अवधि में एक भी समय ऐसा नहीं आया, जब बर्कशायर के खाता-मूल्य लाभ एस. एंड पी. इंडेक्स से पीछे रहे हों। इसलिए बफे और भी बेहतर हैं।

वैवाहिक व सामाजिक जीवन

वॉरेन लड़कियों से दूर भागते थे। शेयर और राजनीति की चर्चा के बाद उनके पास बातें करने के लिए कुछ नहीं रह जाता था। उन्हें किसी लड़की को बाहर घूमने का प्रस्ताव देते हुए घबराहट होती थी। हाई स्कूल या कॉलेज में पढ़ते समय लड़कियों के साथ उनका मेल-जोल कम ही रहा था। अकसर मेल-जोल का परिणाम उनके लिए सुखद नहीं रहा।

आखिरकार सन् 1950 की गरमियों में उनके कैलिफोर्निया जाने से पहले उनकी बहन बर्टी ने उन्हें अपनी रूममेट सुसान थॉम्पसन से मिलवाया। वॉरेन जब सुसी से मिले तो मुग्ध हो उठे। हालाँकि सुसी वॉरेन के प्रति आकर्षित नहीं हुई थी। वह किसी और से प्यार कर रही थी।

सर्दियों में वॉरेन सुसान थॉम्पसन को पत्र लिखते रहे थे। मगर ऐसा करने से भी उनके सामाजिक पहलू में कोई सुधार नहीं हो रहा था। वह पत्र लिखने के लिए प्रेरित नहीं कर रही थी, न ही उसने पत्र लिखने से साफ शब्दों में मना किया था। वॉरेन ने सोचा कि अगर सुसी के माता-पिता से जान-पहचान कर ली जाए तो सुसी तक पहुँचने में आसानी होगी। वॉरेन सुसी के माता-पिता के साथ इवेंस्टन में एक फुटबॉल मैच देखने गए और फिर सुसी तथा उसके माता-पिता के साथ डिनर के लिए गए।

वॉरेन जितनी बार नेबरास्का स्थित घर लौटते, सुसान थॉम्पसन से अवश्य मिलते थे। हालाँकि ऐसी मुलाकातें छोटी होती थीं। उन्हें वह संभ्रांत, रोबदार और संवेदनशील लगती थी। ''सुसी मेरी तुलना में बहुत ज्यादा परिपक्व थी।'' वॉरेन ने बाद में बताया।

उनके मन में सुसान के प्रति आकर्षण बढ़ता जा रहा था। सुसान थॉम्पसन का परिवार बफे परिवार से अच्छी तरह परिचित था। वास्तव में सुसान के पिता विलियम थॉम्पसन ने ही उस समय हार्वर्ड बफे के चुनाव अभियान का प्रबंधन किया था, जिसमें उन्हें पराजय का सामना करना पड़ा था। जान-पहचान होने के बावजूद दोनों परिवारों के बीच काफी भिन्नताएँ थीं। सुसान की माता डोरोथी थॉम्पसन एक मृदुभाषी, शालीन, उदार एवं विदुषी महिला थीं, जो परिवार के लिए भरोसेमंद गृहिणी की भूमिका निभाती रही थीं।

सुसान थॉम्पसन का दिल जीतने के लिए उसके साथ प्रभावशाली अंदाज में बातचीत करना भी जरूरी था, इस बात को वॉरेन अच्छी तरह जानते थे। सुसी के साथ बातचीत के दौरान पहले कई बार उनकी जुबान लड़खड़ा चुकी थी; मगर वे अपनी दक्षता को सुधारने के लिए कुछ भी करने के लिए तैयार थे।

सुसी भले ही उनके ढीले मोजे और सस्ती पोशाक को नजरअंदाज कर देती, मगर बाकी चीजें भी उसे प्रभावित नहीं कर रही थीं। वह एक सांसद के पुत्र थे, जिसे समाज में खास दर्जा दिया जाता था। उनके पास स्नातक की डिग्री और अच्छी जमा-पूँजी थी और वे तेजी से विकास की दिशा में कदम बढ़ा रहे थे। वे हमेशा शेयरों के बारे में बातें करते रहते थे। यह ऐसा विषय था, जिसके बारे में सुसी कुछ भी जानने की जरूरत महसूस नहीं करती थी। वॉरेन निर्धारित मुलाकात के दौरान पहले से रटे गए चुटकुले, पहेलियाँ और दिमागी कसरत से जुड़े सवाल पेश करते थे।

दूसरी तरफ, वॉरेन के प्रति आरंभिक अरुचि होने के बावजूद सुसी किसी व्यक्ति के बारे में सबकुछ जानने की इच्छा जाहिर किए बिना उसके साथ वक्त नहीं गुजार सकती थी। वह जल्द ही महसूस करने लगी कि वॉरेन के बारे में उसका आरंभिक नजरिया सही नहीं था। उसने जैसा सोचा था, वारेन उस तरह अमीरी की गोद में पले-बढ़े आत्मविश्वास से भरपूर युवक नहीं थे।

वॉरेन ने बाद में बताया, ''मुझे अजीब महसूस हो रहा था। मैं सामाजिक रूप से घुल-मिल नहीं पाता था। इसके अलावा, जीवन में अभी तक मैंने रफ्तार का अनुभव नहीं किया था।''

सुसी की सहेलियाँ भी ऊपर से आत्मविश्वासी नजर आ रहे वॉरेन के अंदर की बेचैनी को महसूस कर रही थीं। धीरे-धीरे सुसी भी वॉरेन के अंदर के खालीपन को समझने लगी। वह भले ही शेयरों के बारे में रोचक बातें करते थे, मगर अंदर-ही-अंदर उन्हें प्यार की तलाश थी, जो उनके खालीपन से पैदा हुई थी। वह एक ऐसे बालक की तरह थे, जिसे सुरक्षित ठिकाने की तलाश थी। वॉरेन ने बाद में कहा, ''मैं उलझा हुआ था। कमाल की बात यह है कि सुसी ने मेरे हालात को समझ लिया था।''

वॉरेन को अकसर इस बात की परवाह नहीं रहती थी कि दूसरे किस तरह की पोशाक पहनते थे। महिलाओं की वेशभूषा की तरफ भी उनका ध्यान आकर्षित नहीं होता था। लेकिन अब वह सुसी के प्यार में इस कदर डूब चुके थे कि उसकी पोशाकों की तरफ गौर से देखने लगे थे। उन्हें नीली पोशाक पहनकर सुसी का साथ जाना याद था। इसी तरह जब उसने श्वेत-श्याम रंग की पोशाक पहनी थी तो उन्होंने 'यूज पेपर ड्रेस' कहकर पुकारा था।

सुसी ने पत्रकारिता का अध्ययन करने के लिए विश्वविद्यालय में दाखिला लिया। वह वाद-विवाद टीम में भी शामिल हुई। इसके अलावा, वह एक मनोवैज्ञानिक संस्था की सदस्य भी बन गई।

वॉरेन आगे बढ़ते जा रहे थे। उन्होंने पूरी तैयारी की थी। विवाह प्रस्ताव देने की जगह वह धीरे-धीरे अंतरंगता बढ़ाने की कोशिश कर रहे थे। दूसरी तरफ सुसी समझ गई थी कि उसे पसंद किया जा चुका था; हालाँकि वह निश्चित नहीं थी कि यह कैसे हुआ था।

वॉरेन सुसी के पिता से आशीर्वाद लेने के लिए गए। उन्हें यकीन था कि सुसी के पिता आसानी से आशीर्वाद दे देंगे। लेकिन विलियम थॉम्पसन ने मुद्दे की बात करने से पहले काफी समय लिया।

बफे ने सन् 1952 में सुसान थॉम्पसन से शादी की। उनके तीन बच्चे हुए—सुसी, हॉवर्ड और पीटर। सन् 1977 से इस दंपती ने अलग-अलग रहना शुरू कर दिया, हालाँकि जुलाई 2004 में सुसान की मौत तक वे शादीशुदा ही बने रहे।

वर्ष 2006 में अपने 76वें जन्मदिन पर बफे ने 60 वर्षीय ऐस्ट्रिड मेंक्स से शादी कर ली, जो उनकी पत्नी के 1977 में सैन फ्रांसिस्को चले जाने के बाद से उनके साथ ही रह रही थी। दिलचस्प बात यह है कि उन दोनों की मुलाकात सुसान बफे ने ही कराई थी।

इंटेलीजेंट इन्वेस्टर

बेंजामिन ग्राहम की पुस्तक का शीर्षक 'इंटेलीजेंट इन्वेस्टर' (बुद्धिमान निवेशक) सटीक रूप से दरशाता है कि युवा वॉरेन जीवन में क्या बनना चाहता था। वह अनवरत निवेशकों के बारे में सोचता रहता था। लोग व्यापार के स्वामित्व के शेयर खरीदते थे और यह उम्मीद रखते थे कि इतना मुनाफा होगा कि उन्हें निवेश की गई राशि से अधिक राशि वापस मिलने लगेगी। वॉरेन को ग्राहम के बुनियादी परामर्श अच्छे लगते थे, जिनमें बताया गया था कि बुद्धिमान निवेशक को वॉल स्ट्रीट के निवेशकों के रुझान का अनुसरण नहीं करना चाहिए। इसकी जगह ग्राहम ने अपनी पुस्तक में सलाह दी थी कि निवेशक को ऐसी कंपनियों के शेयरों में निवेश करना चाहिए, जिन्हें उनके वास्तविक मूल्य से कम कीमत पर खरीदा जा सकता है।

इस तरह की कंपनियों की तलाश करना, ग्राहम के अनुसार, आसान काम नहीं था। इसके लिए काफी धैर्य की आवश्यकता थी। निवेशक को कंपनियों के प्रत्येक पहलू की ठीक से पड़ताल करने की जरूरत थी—कंपनी की परिसंपत्तियाँ, कंपनी की कमाई और भविष्य में उसकी अपेक्षाएँ। इस तरह का विश्लेषण करने पर निवेशक कंपनी के शेयर का वास्तविक मूल्य पता कर सकता था—अर्थात् ऐसा मूल्य, जिसका शेयर बाजार में निर्धारित किए गए कंपनी के शेयर के मूल्य से कोई संबंध न हो।

ग्राहम का मानना था कि शेयर बाजार की कीमतें लोकप्रियता की प्रतियोगिता जैसी होती हैं। उन्हें देखकर अंदाजा लगाया जा सकता है कि निवेशक किसी भी कंपनी के प्रति भावनात्मक रूप से किस तरह की प्रतिक्रिया जाहिर कर रहे हैं। शेयर बाजार की कीमतें अकसर अफवाहों व झूठे प्रचारों से प्रभावित होती हैं और उनका वास्तविक तथ्यों से कोई लेना-देना नहीं होता। ऐसी कीमतों के आधार पर किसी भी कंपनी के

शेयर के वास्तविक मूल्य का अंदाजा नहीं लगाया जा सकता।

ग्राहम का निष्कर्ष था कि बुद्धिमान निवेशक को ऐसे समय में किसी भी कंपनी का शेयर खरीदना चाहिए, जब उसका मूल्य उसके वास्तविक मूल्य से नीचे हो। इसके बाद निवेशक को धीरज रखते हुए मूल्य के ऊपर चढ़ने का इंतजार करना चाहिए। यह तय है कि देर-सबेर मूल्य ऊपर की तरफ चढ़ेगा ही।

वॉरेन को इस पुस्तक को पढ़ने के बाद निवेश का असली मंत्र मिल गया था। उसे ग्राहम के बताए सूत्र बहुत अच्छे लगे थे। ओमाहा में अपने पिता के कार्यालय में और व्हार्टन में पढ़ते समय फिलाडेल्फिया के शेयर ब्रोकर के कार्यालय में शेयर खरीदते समय वॉरेन इन्हीं सूत्रों को अपना रहा था। वह देखता था कि अफवाहों के आधार पर या अनुमान के आधार पर जो लोग शेयर खरीदते थे, उन्हें हमेशा बाजार की अनिश्चितता का सामना करना पड़ता था। उसे विश्वास था कि इस तरह अनुमान के आधार पर निवेश करने से किसी तरह मुनाफे को अर्जित नहीं किया जा सकता था। इस विधि को वह पूरी तरह गलत मानता था।

सितंबर 1950 में कोलंबिया में वॉरेन उन 20 छात्रों में एक था, जो ग्राहम की कक्षा में पढ़ाई कर रहे थे। वह ग्राहम के अध्यापन के अंदाज से काफी प्रभावित हुआ था। ग्राहम किसी भी छात्र से पूछे गए सवाल का जवाब सुनकर तुरंत उसे स्वीकार या अस्वीकार नहीं करते थे। ग्राहम कहते थे, "तुम किस आधार पर इस नतीजे पर पहुँचे हो?"

प्रोफेसर ग्राहम अपने विद्यार्थियों को सिखाते थे कि किस तरह किसी कंपनी की वार्षिक रिपोर्ट का अध्ययन करना चाहिए और उसके वित्तीय स्टेटमेंट की पड़ताल करते हुए उसके शेयर की वास्तविक कीमत का पता लगाना चाहिए। वह विद्यार्थियों को दो अलग-अलग किस्म की कंपनियों की बैलेंस शीट की तुलना करने के लिए देते थे, फिर

रहस्योद्घाटन करते थे कि वास्तव में दोनों ही बैलेंस शीट एक ही कंपनी विमान बनानेवाली बोइंग की हैं; मगर दोनों अलग-अलग कालखंड की हैं। इस तरह ग्राहम अपने विद्यार्थियों को यह समझाने की कोशिश कर रहे थे कि कंपनियाँ मुद्रित सूचना के रूप में अपने बारे में किस तरह की जानकारियाँ देना पसंद करती हैं। मुद्रित सामग्री के आधार पर ही विद्यार्थी किसी भी कंपनी के वास्तविक मूल्य का पता लगा सकते हैं।

वॉरेन इस ज्ञान को अपनी धमनियों में रक्त के साथ मिश्रित कर रहा था।

"उसके पास सारे सवालों के जवाब होते थे।" उसके एक सहपाठी ने बाद में बताया, "वह हाथ उठाता था, उत्साह के साथ बहस में हिस्सा लेता था। उसके भीतर कमाल का जोश भरा हुआ था। वह दूसरों की तुलना में हमेशा खुलकर अपनी बातें कहता था।"

अपने प्रोफेसर की बुद्धिमत्ता और मैत्रीपूर्ण व्यवहार से अत्यंत प्रभावित होकर वॉरेन उनके बारे में ज्यादा-से-ज्यादा जानकारी जुटाना चाहता था। कोलंबिया में दूसरे सत्र की पढ़ाई करते हुए वॉरेन को पता चला कि ग्राहम सरकारी कर्मचारियों की बीमा कंपनी जी.ई.आई.सी.ओ. के अध्यक्ष थे। इस कंपनी का मुख्यालय वाशिंगटन डी.सी. में स्थित था।

नवंबर 1950 में दो साल तक संसद् से बाहर रहने के बाद हार्वर्ड बफे फिर संसदीय चुनाव जीत गए थे। वॉरेन सन् 1951 में एक सप्ताह की छुट्टी बिताने वाशिंगटन में रह रहे अपने परिवार के पास चला गया था। शनिवार की सुबह वाशिंगटन रेलवे स्टेशन पर उतरने के बाद उसी दिन वह के स्ट्रीट पर स्थित जी.ई.आई.सी.ओ. के मुख्यालय में चला गया था। वहाँ एक गार्ड से उसकी मुलाकात हुई। वॉरेन ने कहा कि वह कंपनी के किसी अधिकारी से मिलना चाहता था। उस समय मुख्यालय

में मौजूद कंपनी के वित्तीय उपाध्यक्ष लोटीमर डेविडसन से उसे मिलवाया गया। एक अजनबी नौजवान ने डेविडसन के सामने सवालों की बौछार कर दी।

"पंद्रह मिनट तक बातचीत करने के बाद मैं समझ गया कि आगंतुक कोई असाधारण व्यक्ति था।" डेविडसन ने बाद में बताया, "वह बुद्धिमत्तापूर्ण और तथ्यपरक सवाल पूछ रहा था। जी.ई.आई.सी.ओ. क्या है? व्यापार करने का इसका तरीका क्या है? इसका नजरिया क्या है? इसके विकास की संभावनाएँ क्या हैं? वह ऐसे सवाल पूछ रहा था, जो केवल अनुभवी शेयर विश्लेषक ही पूछ सकता था। वह मेरी सारी जानकारियों का पता लगा लेना चाहता था।"

दोनों के बीच चार घंटे बातचीत होती रही। वॉरेन को पता चला कि टेक्सास के एक व्यक्ति ने जी.ई.आई.सी.ओ. की स्थापना की थी, जिसने सरकारी कर्मचारियों को सीधे वाहन बीमा बेचने के बारे में योजना बनाई थी। सरकारी कर्मचारी अन्य समूहों की तुलना में बीमे के लिए कम दावा करते थे। सीधी बिक्री का अर्थ था कि एजेंटों को कोई राशि देने की जरूरत नहीं थी।

निवेश संबंधी नियम

वॉरेन ने आरंभ में अपने पिता के मार्गदर्शन में निवेश संबंधी नियमों को सीखा और फिर बाद में अपने मार्गदर्शक बेंजामिन ग्राहम के सान्निध्य में उन नियमों को परिष्कृत किया। वॉरेन के निवेश संबंधी नियमों को इन दो सरल सूत्रों में व्यक्त किया जा सकता है—

1. नियम 1 : अपनी पूँजी मत गँवाओ।
2. नियम 2 : नियम 1 को कभी मत भूलो।

वॉरेन कहते हैं, "सक्रिय निवेशक को प्रतिदिन तीन कार्य करने

चाहिए—अध्ययन, शोध और चिंतन।''

वॉरेन के निवेश संबंधी सिद्धांत के निचोड़ को इस प्रकार समझा जा सकता है—

- जान लीजिए कि आपके पास क्या है।
- निवेश से पहले अनुसंधान कीजिए।
- व्यापार के स्वामी बनिए, शेयर के नहीं।
- जीवन भर के लिए कुल 20 निवेश कीजिए।
- शेयर खरीदते समय लंबे समय तक उसका स्वामी बनने का निश्चय कीजिए।
- अगर आप किसी कंपनी को खरीदते हैं तो उस समय जिन बातों का आप ध्यान रखेंगे, उन्हीं बातों का ध्यान शेयर खरीदते समय भी रखना चाहिए।
- वॉरेन सिगार-कश प्रणाली का इस्तेमाल निवेश करने के लिए करते रहे हैं, जिसके तहत वे पुरानी कंपनियों के शेयर खरीदते रहे हैं। ऐसी कंपनी के पास उपार्जन के एक या दो कश बचे रहते हैं। इसका एक प्रमुख उदाहरण बर्कशायर हैथवे टेक्सटाइल मिल रही है, जिसकी उम्र 20 वर्ष या उससे भी कम बची हुई थी।

सिगार-कश प्रणाली से आगे बढ़कर वॉरेन उचित कीमत पर अत्यधिक मुनाफा देनेवाली कंपनियों में निवेश करने लगे। इसका एक उदाहरण जिलेट कंपनी में किया गया उनका निवेश है। सन् 1989 में वॉरेन ने इस कंपनी के शेयर 60 करोड़ डॉलर में खरीदे। दुनिया की सबसे बड़ी रेजर ब्लेड कंपनी की कुल संपत्ति 3 अरब डॉलर में वॉरेन की होल्डिंग कंपनी का 11 प्रतिशत स्वामित्व है। खरीदारी के वक्त जिलेट के प्रति शेयर की कीमत 6.25 डॉलर थी, जो चौदह वर्षों में 12

फीसदी रिटर्न देने लगा। वॉरेन मानते हैं कि हर रात दुनिया के 2.5 अरब लोगों की दाढ़ी बढ़ती हैं तो अगली सुबह वे जिलेट से ही हजामत बनाते हैं। दुनिया के शेविंग बाजार के 70 फीसदी हिस्से पर जिलेट का कब्जा है।

वॉरेन नसीहत देते हैं कि हमेशा किसी अनूठे व्यापार या स्टॉक को कम कीमत पर खरीदने की कोशिश करनी चाहिए। वे खुद 1 डॉलर की संपत्ति 50 सेंट में ही खरीदते रहे हैं।

वॉरेन मानते हैं कि जीवन में 20 महत्त्वपूर्ण निवेश करने चाहिए। इस सिद्धांत को उनके गुरु प्रो. बेंजामिन ग्राहम ने विकसित किया था। वॉरेन मानते हैं कि साख को बनाने में 20 साल का वक्त लग जाता है, मगर साख को मिटाने में पल भर का ही समय लगता है। निवेशक को सफलता हासिल करने के लिए अपनी साख बनानी चाहिए।

महत्त्वपूर्ण सबक

वॉरेन बफे की कहानी धन या सफलता विषयक नहीं। यह तो कर्मशक्ति, स्वभाव और सादगी से संबंधित है। उनकी सफलता तो उनके इन रत्न सरीखे गुणों के सह-उत्पाद हैं।

बफे स्पष्टतः महत्त्वाकांक्षी और समर्पण भाव वाले हैं। उनकी किशोरावस्था से ही ये गुण उनकी पहचान रहे हैं। हालाँकि वे 84 वर्ष के हैं, लेकिन अब भी ऊर्जावान् हैं और पूरा समय काम करते हैं। अब उनका कहना है कि वे हर रोज नाचते-कूदते काम करते हैं और अपनी मृत्यु के पाँच वर्ष बाद ही कार्य मुक्त होंगे। मुझे उनकी बात पर भरोसा है।

अपनी सोच में वे एकदम स्वतंत्र हैं। वे अपने तर्क के अनुरूप आचरण करते हैं, भीड़ के अनुरूप नहीं। भलीभाँति अवसर का विश्लेषण करने के बाद जब करने की ठान लेते हैं तो फिर बड़ा दाँव लगाने से

डरते नहीं। अवसर होने पर वे कुछ सप्ताहों में ही अरबों डॉलर का निवेश कर सकते हैं। अगर स्थिति ऐसी न हो तो वे वर्षों तक खाली बैठे रहेंगे और कोई निवेश नहीं करेंगे।

बफे में जटिल मुद्दों को सरल करने और उनके अहम हिस्सों पर ध्यान केंद्रित करने की अद्भुत क्षमता है। इसीलिए वे बेहतर निर्णय ले पाते हैं। वह निर्णय भले ही चलन के मुताबिक न हो, पर समय की कसौटी पर खरा उतरता है। उनकी सादगी उनकी जीवन-शैली और पसंद में झलकती है। वे अब भी सन् 1957 में बनाए अपने घर में रहते हैं। अपना फोन स्वयं सुनते हैं तथा अपनी 1,00,000 डॉलर वार्षिक तनख्वाह में गुजारा करते हैं। वे 'कैडलैक' कार चलाते हैं और समय बचाने के लिए न्यूयॉर्क शहर के सबवे का प्रयोग भी क़र लेते हैं।

महत्त्वपूर्ण तिथियाँ

शिक्षा

- वुडरो विल्सन हाई स्कूल, वाशिंगटन डी.सी.—1947
- पेंसिल्वेनिया विश्वविद्यालय का व्हार्टन स्कूल—1947-48
- नेबरास्का विश्वविद्यालय से बी.एस. की डिग्री—1950
- कोलंबिया विश्वविद्यालय से अर्थशास्त्र में एम.एस. की डिग्री—1951

रोजगार

- बफे-फाक एंड कंपनी, ओमाहा में निवेश विक्रेता—1951-54
- ग्राहम-न्यूमेन कॉरपोरेशन, न्यूयॉर्क में प्रतिभूति विश्लेषक—1954-56
- बफे पार्टनरशिप लिमिटेड, ओमाहा में साझीदार—1956-69

• बर्कशायर हैथवे के अध्यक्ष एवं सी.ई.ओ.—1970 से आज तक।

वर्ष 1943 : 13 वर्ष की उम्र में वॉरेन ने अपनी पहली आय कर रिटर्न दाखिल की और अपनी साइकिल को 35 डॉलर के व्यय के रूप में दर्ज कराया।

वर्ष 1945 : 15 वर्ष की उम्र में वॉरेन ने हाई स्कूल के अंतिम वर्ष में पढ़ते हुए अपने एक साथी के साथ इस्तेमाल की हुई एक पिनबॉल मशीन 25 डॉलर में खरीदी और उसे नाई की एक दुकान में रख दिया। मात्र कुछ महीनों में उनके पास भिन्न-भिन्न जगहों पर तीन मशीनें हो गई थीं।

वर्ष 1949 : 19 वर्षीय वॉरेन पेंसिल्वेनिया विश्वविद्यालय के व्हार्टन बिजनेस स्कूल में पढ़ रहे थे। उस समय उन्हें अल्फा सिगमा की बिरादरी में जगह दी गई। इस बिरादरी में उनके पिता और चाचा भी शामिल थे।

वर्ष 1950 : वॉरेन ने हार्वर्ड बिजनेस स्कूल में प्रवेश के लिए आवेदन किया। लेकिन उनके आवेदन को ठुकरा दिया गया। इसके बाद वॉरेन ने कोलंबिया बिजनेस स्कूल में दाखिला लिया, क्योंकि उन्हें पता था कि बेंजामिन ग्राहम और डेविड डोड जैसे प्रतिभूति विश्लेषक वहाँ अध्यापन कर रहे थे।

वर्ष 1951 : 21 वर्षीय वॉरेन को पता चला कि ग्राहम बेंजामिन उस समय जी.ई.आई.सी.ओ. बीमा कंपनी के अध्यक्ष थे। एक शनिवार के दिन रेलगाड़ी पर सवार होकर वॉरेन वाशिंगटन पहुँचे। वे जी.ई.आई.सी.ओ. के मुख्यालय के दरवाजे को तब तक खटखटाते रहे, जब तक उन्हें अंदर

नहीं जाने दिया गया। वहाँ उनकी मुलाकात कंपनी के उपाध्यक्ष लोटिमर डेविडसन से हुई, जिनका उन पर न सिर्फ गहरा प्रभाव पड़ा बल्कि दोनों अच्छे दोस्त भी बन गए। उन्होंने चार घंटे तक बीमा कारोबार के बारे में बात की। डेविडसन ने बाद में याद करते हुए बताया कि केवल 15 मिनट की चर्चा के बाद ही वे समझ गए कि वॉरेन एक 'असाधारण व्यक्ति' हैं।

वर्ष 1952 : 22 वर्षीय वॉरेन ने सुसान थॉम्पसन से शादी की।

वर्ष 1953 : 23 वर्षीय वॉरेन बड़ी संतान सुसान एकिस बफे के पिता बने।

वर्ष 1954 : बेंजामिन ग्राहम ने 12,000 डॉलर प्रतिवर्ष के प्रारंभिक वेतन पर 24 वर्षीय वॉरेन को अपनी साझेदारी कंपनी में एक नौकरी की पेशकश की। वहाँ उन्होंने वाल्टर श्लोस के साथ मिलकर काम किया।

: सुसान ने पुत्र हार्वर्ड ग्राहम बफे को जन्म दिया।

वर्ष 1956 : बेंजामिन ग्राहम सेवानिवृत्त हो गए और उन्होंने अपनी साझेदारी को खत्म कर दिया।

: वॉरेन की निजी बचत अब 1,40,000 डॉलर से अधिक हो गई।

: वॉरेन ओमाहा के अपने घर लौटे और 'बफे पार्टनरशिप' के नाम से निवेश की साझेदारी कंपनी बनाई।

वर्ष 1957 : वॉरेन की तीन साझेदारियाँ पूरे वर्ष चलती रहती थीं।

: 27 वर्षीय वॉरेन ने 31,500 डॉलर में पाँच शयनकक्षवाला एक घर ओमाहा के फरनाम स्ट्रीट पर खरीदा।

वर्ष 1958 : सुसान ने तीसरी संतान पीटर एंड्रयू बफे को जन्म दिया।

: 28 वर्षीय वॉरेन की पाँच साझेदारियाँ पूरे वर्ष चल रही थीं।

वर्ष 1959 : 29 वर्षीय वॉरेन की छह साझेदारियाँ पूरे वर्ष चलती रही थीं।

: वॉरेन की मुलाकात चार्ली मुंगर से हुई।

वर्ष 1960 : 30 वर्षीय वॉरेन की सात साझेदारियाँ पूरे वर्ष चलती रही थीं। दो साझेदारियाँ थीं—बफे एसोसिएट्स, बफे फंड, डासी, एम.डी. ग्लेनोक, मोबुक और अंडरवुड।

वर्ष 1961 : सैनबोर्न मैप कंपनी में वॉरेन की हिस्सेदारी 35 फीसदी से ज्यादा हो गई और उन्हें बोर्ड में शामिल कर लिया गया।

वर्ष 1962 : 32 वर्षीय वॉरेन करोड़पति बन चुके थे, क्योंकि जनवरी 1962 में उनकी साझेदारियों में 71,78,500 डॉलर से अधिक थे और उनमें से 10,25,000 डॉलर वॉरेन के थे।

: वॉरेन ने वस्त्र निर्माता कंपनी बर्कशायर हैथवे के शेयरों को खरीदना शुरू किया।

वर्ष 1965 : 35 वर्षीय वॉरेन ने बर्कशायर हैथवे का नियंत्रण अपने हाथ में ले लिया और कंपनी को चलाने के लिए एक नए अध्यक्ष को नियुक्त किया।

वर्ष 1966 : वॉरेन ने निजी स्वामित्ववाले बाल्टीमोर के डिपार्टमेंटल स्टोर 'होसचाइल्ड कोन एंड कंपनी' में निवेश किया।

वर्ष 1969 : अपने सफलतम वर्ष के पश्चात् वॉरेन ने साझेदारी खत्म कर संपत्ति अपने साझेदारों को हस्तांतरित कर दी। दी

गई संपत्ति में बर्कशायर हैथवे के शेयर भी शामिल थे।

वर्ष 1970 : बर्कशायर हैथवे के चेयरमैन की हैसियत से शेयरधारकों के नाम विश्व-प्रसिद्ध पत्रों को लिखना शुरू किया।

वर्ष 1973 : वॉरेन ने 'वाशिंगटन पोस्ट' कंपनी के शेयरों की खरीदारी शुरू की। कंपनी की मालकिन कैथरीन ग्राहम से वॉरेन की घनिष्ठ मित्रता हो गई और वॉरेन निदेशकों के बोर्ड में शामिल किए गए।

वर्ष 1974 : एस.ई.सी. ने वॉरेन और बर्कशायर द्वारा किए गए एक विलय की औपचारिक जाँच की शुरुआत की।

वर्ष 1977 : बर्कशायर ने परोक्ष रूप से 'बफैलो ईवनिंग न्यूज' को 325 लाख डॉलर में खरीद लिया।

: बर्कशायर ए.बी.सी. के शेयर खरीदने लगा। जब शेयर का भाव 290 डॉलर था, वॉरेन की जमा-पूँजी 14 करोड़ डॉलर थी; हालाँकि वे केवल 50,000 डॉलर प्रतिवर्ष के अपने वेतन पर रहते थे।

: बर्कशायर ने वर्ष की शुरुआत 775 डॉलर प्रति शेयर से की और अंत 1,310 डॉलर पर। वॉरेन की जमा-पूँजी 62 करोड़ डॉलर हो गई। 'फोर्ब्स' पत्रिका में पहली बार उनका नाम दुनिया के सर्वाधिक अमीर व्यक्तियों की सूची में दर्ज किया गया।

वर्ष 1988 : वॉरेन ने कोका कोला कंपनी के स्टॉक खरीदने शुरू किए। उन्होंने कंपनी की लगभग 7 प्रतिशत हिस्सेदारी 1.02 अरब डॉलर में खरीद ली।

वर्ष 1999 : कार्सन ग्रुप के एक सर्वेक्षण में वॉरेन को '20वीं शताब्दी का सबसे बड़ा पूँजी प्रबंधक' कहा गया। इस सूची में उनके बाद पीटर लिंच और सर जॉन टेंपल्टन के नाम शामिल किए गए।

वर्ष 2002 : वॉरेन ने 11 अरब डॉलर मूल्य के फॉरवर्ड कॉण्ट्रेक्ट में अन्य मुद्राओं की तुलना में अमेरिकी डॉलर प्रदान करने के लिए प्रवेश किया। चार वर्षों में इन कॉण्ट्रेक्टों पर उनका मुनाफा 2 अरब डॉलर से ज्यादा का था।

वर्ष 2004 : वॉरेन की पत्नी सुसान का निधन।

वर्ष 2006 : 75 वर्षीय वॉरेन ने जून में घोषणा की कि वे धीरे-धीरे बर्कशायर में अपनी हिस्सेदारी का 85 प्रतिशत पाँच परोपकारी संस्थाओं को शेयरों के वार्षिक तोहफों के रूप में जुलाई 2006 से देना शुरू करेंगे। सबसे बड़ा दान बिल एंड मेलिंडा गेट्स फाउंडेशन को दिया जाएगा।

वर्ष 2007 : वॉरेन ने अपने शेयरधारकों के नाम लिखे पत्र में घोषणा की कि वे एक युवा उत्तराधिकारी की तलाश में हैं, जो उनके निवेश के व्यवसाय को चला सके।

वर्ष 2008 : 'फोर्ब्स' पत्रिका ने वॉरेन को दुनिया का सबसे अमीर व्यक्ति घोषित किया। इससे पहले लगातार तेरह वर्षों तक दुनिया के 'सबसे अमीर व्यक्ति' की उपाधि बिल गेट्स के पास थी।

अनुक्रम

मैं वॉरेन बफे बोल रहा हूँ

अकर्मण्यता

मैं शेयर बाजार से कभी पैसा बनाने की कोशिश नहीं करता। मैं इस अवधारणा पर खरीदता हूँ कि वे अगले दिन बाजार बंद कर देंगे और फिर पाँच साल इसे दोबारा नहीं खोलेंगे। जहाँ तक आपकी बात है, शेयर बाजार का वजूद ही नहीं है। इसे नजरअंदाज कर दीजिए। अकर्मण्यता को कामयाबी का काफी श्रेय दिया जा सकता है। ज्यादातर निवेशक लगातार खरीद और बिक्री के लालच से बच नहीं पाते।

* * *

अध्ययन

अपने अनुभवों और दूसरे कारोबारों का गहन अध्ययन करने के बाद मेरे निष्कर्ष हैं कि एक अच्छा प्रबंधन रिकॉर्ड (मुनाफे से आकलित) काफी हद तक उस कारोबारी नाव की एक गतिविधि है, जिसमें आप शामिल हैं, बजाय इसके कि आप कितनी अच्छी तरह चप्पू चला रहे हैं (हालाँकि बुद्धि और प्रयास का काफी हद तक फायदा मिलता है, चाहे कारोबार अच्छा हो या बुरा)। कुछ साल पहले मैंने लिखा—एक प्रबंधन, जिसकी साख बिजनेस को बेहतरीन तरीके से चलाने की है, वह खराब मौलिक अर्थशास्त्रवाले कारोबार को चलाता है तो यह उस बिज़नेस की

ख्याति है, जिस पर कोई असर नहीं पड़ता। इस मामले पर तब से किसी ने मेरा नजरिया बदला नहीं है। अगर आप लंबे समय से रिस रही नाव में खुद को पाते हैं तो नाव बदलने में खर्च की गई ऊर्जा ज्यादा फायदेमंद होगी, बजाय कि रिसाव बंद करने पर ऊर्जा खर्च की जाए।

❋ ❋ ❋

अनेक

अगर आप एक बिजनेस को समझते हैं तो फिर आपको अनेक की जरूरत नहीं है।

❋ ❋ ❋

अधीनता

एक पार्टनर अगर अधीनता स्वीकार नहीं करता और जो खुद हद से ज्यादा तर्कवादी है, वह आपके लिए एक सर्वोत्तम तंत्र की तरह है।

❋ ❋ ❋

अनुकूल स्थिति

हमारे पास कुछ अनुकूल स्थितियाँ हैं। शायद सबसे बड़ी यह कि हमारी कोई राजनीतिक योजना नहीं है।

❋ ❋ ❋

अनुसरण

यदि कोई व्यापार अच्छा चल रहा है तो शेयर अंततः उसका अनुसरण करेंगे।

❋ ❋ ❋

ग्राहम का अनुसरण करो और तुम गलती में शामिल होने की बजाय उससे फायदा उठाओगे।

❋ ❋ ❋

यह हमें हैरान करता है कि अनेक लोग बेन ग्राहम को जानते हैं, लेकिन कुछ ही उनका अनुसरण करते हैं। हम अपने सिद्धांत खुलकर बताते हैं और उनके बारे में अपनी वार्षिक रिपोर्ट में विस्तार से लिखते हैं। वे सीखने में आसान हैं। वे अपनाने में भी आसान होने चाहिए। लेकिन कोई भी सिर्फ एक बात जानना चाहता है कि हम आज क्या खरीद रहे हैं? ग्राहम की तरह हमें जानते सभी हैं, लेकिन मानते कुछ ही हैं।

***

आर्थिक नुकसान

हम तभी धन कमाना चाहते हैं, जब हमारे साझेदार भी कमा रहे हों। इसके अलावा, जब कभी मैं कुछ नासमझी का काम करूँ, मैं चाहता हूँ कि आपको यह सोचकर कुछ सांत्वना मिलनी चाहिए कि मेरा आर्थिक नुकसान आपके सापेक्ष है।

***

आनंद

बर्कशायर के सहयोगियों के मैनेजरों की हैसियत औसत रूप से 10 करोड़ डॉलर है। उन सभी को अपने काम में आनंद आता है, अन्यथा वे रिटायर हो जाते; क्योंकि वे अब पैसे के लिए काम नहीं कर रहे।

***

आनंदित

अगर हमें कुछ भी पैसा न मिले तो भी मैं और चार्ली अपनी मजेदार नौकरी से बहुत आनंदित रहेंगे।

***

उम्मीद

मेरा काम है कि मैं 15–20 मैनेजरों के ग्रुप को, जो वे कर रहे हैं, उसे लेकर जोश में बनाए रखूँ; क्योंकि उनमें से ज्यादातर अपनी उम्मीद से काफी धनवान हो चुके हैं।

❋ ❋ ❋

और मूल्य

जब हम अपने किसी व्यापार में 'और मूल्य' जोड़ने का प्रयास करते हैं तो अकसर असफल रहते हैं।

❋ ❋ ❋

उतार-चढ़ाव

स्टॉक मार्केट पर उतार और चढ़ाव से डरो मत। खरीदो और बेचो भी मत। इन चीजों में मत फँसो। रोज अखबार भी मत पढ़ो।

❋ ❋ ❋

लाभ

अगर आप सोचते हैं कि आपका लाभ संभावनाओं पर भारित है, आपके नुकसान से कहीं ज्यादा है और तुलनात्मक रूप से भारित है तो आप जान–बूझकर एक जोखिम भरा निवेश कर रहे हैं।

❋ ❋ ❋

नियंत्रित

अगर आप अपनी भावनाओं को नियंत्रित नहीं कर सकते तो पैसे को भी नहीं कर पाएँगे।

❋ ❋ ❋

कमान

अगर आपने मुझे 10 करोड़ डॉलर दिए और कहा कि सॉफ्ट ड्रिंक कोका–कोला की कमान पूरी दुनिया में सँभाल लो, तो मैं आपको वह

वापस दे दूँगा और कहूँगा कि मैं ऐसा नहीं कर पाऊँगा।

***

कंपनी

एक मूल कंपनी, जो शानदार दूरगामी अर्थशास्त्रवाली सहायक कंपनी की मालिक है, वह कभी भी कंपनी के मुकुट को नहीं बेचेगी। फिर भी, उस कंपनी का सी.ई.ओ. अपने निजी स्टॉक को आवेग में आकर बस, इससे जरा ज्यादा तर्क देकर बेच देगा कि मुनाफा कमाने के बाद आप कंगाल नहीं हो सकते। हमारी राय में जो समझदारी बिजनेस में काम आती है, वही स्टॉक में भी। एक निवेशक को सामान्य तौर पर एक बेहतरीन कारोबार के एक छोटे हिस्से को उसी तरह सख्ती से पकड़े रहना चाहिए, जैसा कि वह पूरे कारोबार का मालिक होने पर करता।

***

प्रबंधक

महान् प्रबंधक अपना सारा समय रिसाव को बंद करने और पानी निकालने में लगाएँ। इससे बेहतर सुझाव उनके लिए दूसरी नाव का इंतजाम करने का है।

***

प्रबंधन

हमारे प्रबंधन के तरीके का एक गौण उत्पाद वह क्षमता है, जो हमें बर्कशायर हैथवे की गतिविधियों को आसानी से बढ़ाने में मदद करती है। हमने प्रबंधन के लेख पढ़े हैं, जो बताते हैं कि एक अधिकारी को कितने लोग रिपोर्ट करने चाहिए। लेकिन हमारे लिए यह मायने नहीं रखता। जब आपके पास उच्च कोटि के क्षमतावान मैनेजर हैं, जो बिजनेस चलाने को लेकर गंभीर हैं तो आप दर्जन या इससे ज्यादा लोग उनके अधीन रख सकते हैं और इसके बावजूद वे दोपहर में झपकी लेने का

समय भी निकाल सकते हैं। इसके विपरीत, अगर आपके अधीन सिर्फ एक व्यक्ति भी है, जो धोखेबाज, अयोग्य और उदासीन है तो आपके पास इतनी मुश्किलें होंगी कि आप उन्हें सुलझा नहीं पाएँगे। चार्ली और मैंने तब तक इससे दोगुने प्रबंधकों के साथ काम किया था, जितना कि हम अब कर रहे हैं, जब तक कि उनमें मौजूदा लोगों के मुकाबले विशिष्टताएँ थीं।

* * *

ज्यादातर व्यावसायिक पैसों का प्रबंधन करनेवालों के सामने अपने कूल्हे हिलाओ! सिंड्रोम जैसा संकट होता है। एक अनुभवी और धैर्यवान व्यक्तिगत निवेशक अनंत काल तक अपनी पसंदीदा पिच का इंतजार कर सकता है। अगर पूरा बाजार उफान पर है या बहुत ज्यादा आशावादी है तो ये आपको डरा देगा। आप कुछ समय के लिए यूरोप या मेक्सिको जा सकते हैं, तब तक सबकुछ अपनी हद में आ जाएगा। एक उस्ताद निवेश सूची का प्रबंधक, जिससे लगातार कुछ-न-कुछ करने की उम्मीद की जाती है, वह एक खतरनाक हिटर की तरह उलझन में होता है, जो मैदान में उतरता है और देखता है कि पिचर ने उसे मैदान के बाहर भेजने का फैसला कर लिया है। सारी पिचें पहुँच से बाहर होती हैं या करीब-करीब बाहर होती हैं। बैटर जानता है कि सबसे अच्छा उपाय है बाहर चले जाना; लेकिन हजारों फैन, जो कुछ होते देखना चाहते हैं, वे चिल्लाते हैं—अपने कूल्हे हिलाओ! वे निराश न हों, इसलिए बैटर सोचता है कि उसे एक कट लेना है और बिना वजह एक कट आउट जोखिम में डाल देता है।

* * *

स्वभाव

स्वभाव ऐसी चीज है, जो स्मार्ट लोगों को ठीक से काम नहीं करने

देता। उसका स्वभाव शायद मुझसे अलग नहीं है। हम दोनों तर्कसंगत बातें करते हैं। हमारी भावनाएँ हमारी बुद्धि के रास्ते में नहीं आतीं।

❋ ❋ ❋

पूँजी

हमारी पूँजी का अभी पूरी तरह इस्तेमाल नहीं हो रहा। इस स्थिति में होना कष्टदायी है, लेकिन उतना कष्टदायी भी नहीं जितना कोई बेवकूफी करना होता है।

❋ ❋ ❋

निवेश

(कोरिया में तब निवेश करना, जब अमेरिकी डॉलर की कीमत ज्यादा थी और कोरियाई कंपनियाँ सस्ती) वे बुनियादी वस्तुएँ—जैसे स्टील, सीमेंट, आटा और बिजली—उत्पादित करते हैं, जिन्हें लोग 10 वर्षों में खरीदेंगे। उनकी कोरिया के बाजार में बड़ी हिस्सेदारी है, जिसमें बदलाव नहीं आने वाला। इस आटा कंपनी की नकद में कीमत इसकी बाजार में कीमत से कहीं ज्यादा है और यह कमाई से तीन गुना ज्यादा बिक्री करती है।

❋ ❋ ❋

निवेश करते समय बस, इसका खयाल रखना है कि आप अच्छे समय में अच्छे स्टॉक खरीदें और उन्हें तब तक अपने साथ रखें, जब तक कि वे कंपनियाँ अच्छी हैं।

❋ ❋ ❋

कमजोर और असुरक्षावाले कारोबार अच्छा निवेश नहीं करते।

❋ ❋ ❋

निवेशक

मूल्य निवेशक वे निवेशक होते हैं, जो दिमागी तौर पर कारोबार खरीदते हैं, स्टॉक नहीं। लेकिन सभी इसकी वास्तविक कीमत और बाजार की कीमत के बीच के फर्क का फायदा उठाते हैं।

❊ ❊ ❊

मैं एक बेहतर निवेशक हूँ, क्योंकि मैं एक बिजनेसमैन हूँ—और एक बेहतर बिजनेसमैन हूँ, क्योंकि मैं एक निवेशक हूँ।

❊ ❊ ❊

मूल्यांकन

(मुनाफे पर) इससे पहले कि यह निर्णय लिया जाए कि नकद को इस तरह इस्तेमाल करना है, यह जरूरी है कि अफवाह की बजाय जानकारी पर आधारित चार सहज ज्ञान के प्रश्नों का मूल्यांकन किया जाए। घटना की संभावना, जितने समय तक फंड लगा रहेगा, अवसर पर होनेवाला खर्च और यह नकारात्मक पहलू कि अगर घटना हुई ही नहीं तो क्या होगा!

❊ ❊ ❊

सबसे बूढ़ा

(यह पूछे जाने पर कि अमेरिका के सबसे अमीर व्यक्ति बनने के बाद उनका अगला लक्ष्य क्या है) यह तो एकदम आसान है—अमेरिका का सबसे बूढ़ा व्यक्ति बनना।

❊ ❊ ❊

जोखिम प्रबंधन

जोखिम प्रबंधन पर उतना ही वक्त लगना चाहिए, जितना कैटरीना

(तूफान) से पहले न्यू ऑर्लिएंस के बाँध को सुधारने और टिकाऊ बनाने में लगा।

***

स्टॉक

कुछ समय बाद सिर्फ कुछ कंपनियाँ ही रह जाएँगी, जो उस स्तर की होंगी। तो आप जब भी देखें कि कोई उस स्तर की कंपनी है तो आपको उसके स्टॉक तर्कसंगत संख्या में खरीद लेने चाहिए। आपको अपने दिशा-निर्देशों से भटकने के लालच से बचना होगा। अगर आप एक स्टॉक 10 वर्षों के लिए खरीदना चाहते हैं तो उन्हें 10 मिनट के लिए खरीदने की बात सोचिए भी मत।

***

धन

धन मुझे स्वतंत्र बना सका। उसके बाद मैं जिंदगी में जो करना चाहता था, वह किया। और जो सबसे बड़ी चीज मैं करना चाहता था कि खुद अपने लिए काम करना चाहता था। मैं नहीं चाहता था कि दूसरे मुझे निर्देश दें। मैं हर दिन जो करना चाहता हूँ, वह करूँ, यह विचार मेरे लिए महत्त्वपूर्ण था।

***

कारोबार

उचित मूल्य का एक शानदार कारोबार शानदार कीमत के उचित कारोबार से कहीं अच्छा है। निवेश के बड़े मौके तब आते हैं, जब बेहतरीन कंपनियाँ असामान्य परिस्थितियों से घिर जाती हैं, जिनसे स्टॉक का आकलन गलत हो जाता है।

***

व्यवसाय

दुनिया में कई लोगों ने अपनी किस्मत की बुलंदियों को सिर्फ एक शानदार व्यवसाय का मालिक बनकर छुआ है। अगर आपको व्यवसाय की समझ है तो आपको कई व्यवसाय खरीदने की जरूरत नहीं।

***

आप केवल शेयर के बारे में ही जानकारी को नहीं देखें, बल्कि उससे जुड़े व्यवसाय को भी देखें। अगर आप एकल रूप में देखें तो किसी शेयर का मूल्यांकन नहीं कर सकते। लेकिन वह समग्र रूप से जिस व्यवसाय का प्रतिनिधित्व करता है, आप उसका मूल्यांकन कर सकते हैं तो किसी शेयर का भी अधिक सरलता से मूल्यांकन कर सकते हैं। उसके बाद आप व्यापार के कुल मूल्य को कंपनी द्वारा जारी कुल शेयरों की संख्या से भाग देकर सरलता से हर शेयर का मूल्य निकाल सकते हैं।

***

प्रतिशत

मैं 5 प्रतिशत कमानेवाले 10 करोड़ डॉलर के बिजनेस की बजाय 15 प्रतिशत कमानेवाला 1 करोड़ डॉलर का बिजनेस करना पसंद करूँगा।

***

सबक

एक व्यक्ति, जो बिल्ली को पूँछ से पकड़कर घर ले जाता है, वह ऐसा सबक सीखता है, जो उसे कोई और सिखा नहीं सकता।

***

सर्वेक्षण

कोई भी ज़नमत सर्वेक्षण मौलिक विचारों की जगह नहीं ले सकता।

***

स्टॉक

एक स्टॉक यह नहीं जानता कि आप उसके मालिक हैं।

❋ ❋ ❋

मुनाफा

एक स्टॉक आपको एक कारोबार का अधिकारी बना देता है और स्टॉक का आंतरिक मूल्य कुछ ऐसा था, जिसका आपने आकलन कर लिया था; लेकिन मुनाफे की सुरक्षा न हो तो आप रात को चैन से नहीं सो सकते।

❋ ❋ ❋

काम

हमेशा वह काम करो, जिसे तुम चाहते हो।

❋ ❋ ❋

भय

अमेरिकी एक भय के चक्र में फँसे हैं, जिससे लोग खर्च नहीं करना चाहते और न ही निवेश करना चाहते हैं। इससे भय और बढ़ जाता है। हम इस कुचक्र को तोड़ेंगे। इसमें समय लगता है।

❋ ❋ ❋

गलती

एक निवेशक को सिर्फ कुछ चीजें सही करनी पड़ती हैं, जब तक कि वह कोई बड़ी गलती नहीं कर बैठता।

❋ ❋ ❋

कीमत

और उसके बाद मैंने अपनी रणनीति में संशोधन किया और अच्छी कीमत पर सही कारोबार खरीदने की बजाय सही कीमत पर अच्छा

कारोबार खरीदने की कोशिश की।

* * *

ब्रिज

कोई भी व्यक्ति, जो ब्रिज खेलना शुरू नहीं करता, वह एक बड़ी गलती कर रहा है।

* * *

रेस

जैसा कि इंडियानापोलिस 500 जीतनेवाले ने कहा—रेस में पहले नंबर पर आने के लिए आपको पहले रेस खत्म करनी होगी।

* * *

विलय

बर्कशायर हैथवे में हमने विलय और खरीदने के कई अवसरों को अस्वीकृत कर दिया, जिनसे चालू और छोटे दौर की कमाई कई गुना बढ़ सकती थी; लेकिन उससे प्रति शेयर का आंतरिक मूल्य कम हो जाता। इसकी बजाय हमारा नजरिया वायने ग्रेट्जकी के मशविरे पर चलने का रहा है कि वहाँ जाओ जहाँ शैतान जाने वाला है, न कि जहाँ वो है।

* * *

कामयाबी

जब आप मेरी उम्र के हो जाएँगे, तब सही मायने में जीवन में अपनी कामयाबी का अंदाजा इस बात से लगाएँगे कि जितने लोगों को आप चाहते थे कि वे आपसे प्यार करें, उनमें से कितने आपको वास्तव में प्यार करते हैं। मैं ऐसे लोगों को जानता हूँ, जिनके पास बहुत पैसा है। वे प्रशंसा-पत्र वाले रात्रिभोज भी करते हैं और अपने नाम पर अस्पताल में विंग भी बनवा लेते हैं। किंतु सत्य यह है कि दुनिया में कोई भी उनसे प्यार नहीं

करता। अगर आप जीवन में मेरी उम्र के हो जाएँगे और आपके बारे में कोई अच्छा नहीं सोचेगा तो मैं इसकी परवाह नहीं करता कि आपके अकाउंट में कितने पैसे हैं, आपका जीवन बरबाद है। यह वह अंतिम परीक्षा है, जो तय करती है कि आपने अपना जीवन कैसे जीया है। प्यार के साथ मुश्किल यह है कि आप इसे खरीद नहीं सकते। आप सेक्स खरीद सकते हैं, आप प्रशंसा-पत्रवाले रात्रिभोज खरीद सकते हैं; आप वे परचे खरीद सकते हैं, जो बताते हैं कि आप कितने अच्छे हैं; लेकिन प्यार पाने का एक ही तरीका है कि आप प्यार पाने योग्य बनें। अगर आपके पास बहुत पैसा है तो यह परेशान करनेवाला होता है। आप यह सोचने लगेंगे कि मैं एक चेक काट दूँ, जिससे मैं लाखों डॉलर प्यार खरीद लूँगा। लेकिन यह उस तरीके से काम नहीं करता। आप जितना प्यार देंगे उतना ही पाएँगे।

❋ ❋ ❋

औसत

औसत मुनाफे से भी संतुष्ट रहो।

❋ ❋ ❋

लालची

तब डरो जब दूसरे लालची हों और सिर्फ तब लालची बनो, जब दूसरे डरे हुए हों।

❋ ❋ ❋

बाजार

बेन (ग्राहम) ठीक ही कहते थे कि यह बाजार बड़ा सनकी है। इसी वजह से आप इसकी शर्तों को खरीद और बेच नहीं सकते। आप तभी खरीद और बेच सकते हैं, जब आप चाहें।

❋ ❋ ❋

लेमिंग्स

बर्कशायर हैथवे तब खरीदता है, जब लेमिंग्स ऐसा नहीं कर रहा होता।

***

पूँजी

बर्कशायर हैथवे के पास दो कम खर्चवाले गैर-खतरनाक स्रोत हैं पैसा इकट्ठा करने के, जिनसे हम सुरक्षित तरीके से कहीं ज्यादा संपत्ति खरीद पाते हैं, जितना कि हमारी शेयर पूँजी भी इजाजत नहीं देती—अस्थायी टैक्स और अस्थायी पूँजी, दूसरों के कोष, जो हमारे बीमा कारोबार के पास होते हैं, क्योंकि इसे घाटे की रकम चुकाने से पहले प्रीमियम मिल जाते हैं। ये दोनों ही फंडिंग के स्रोत तेजी से बढ़े हैं और अब कुल मिलाकर 12 अरब डॉलर के करीब हैं। इससे भी बेहतर है कि ये फंडिंग अब तक मुफ्त हैं। अस्थायी टैक्स दायित्व पर कोई ब्याज नहीं लगता। और जब तक हम अपने बीमा कारोबार में जोखिम का अंकन करते हैं, जो हम औसत रूप से अपने 29 साल के बिजनेस में करते रहे हैं, इस प्रकार इकट्ठा हुई अस्थायी पूँजी का खर्च शून्य होता है। इनमें से कोई भी शेयर नहीं है। ये वास्तविक दायित्व हैं। लेकिन ये बिना किसी निबंध के या बिना तय तारीखवाले दायित्व हैं। इनका असर यह है कि ये हमें कर्ज का फायदा देते हैं—एक क्षमता, जिसमें ज्यादा संपत्ति हमारे लिए काम करती है, लेकिन हम पर अपनी किसी खामी का बोझ नहीं डालती।

***

सावधान

ग्रीक के असरवाले फॉर्मूलों से सावधान।

***

बिलियन

बफे को एक बार ऑफिस जाते समय एक लिफ्ट से 1 सेंट उठाते देखा गया था और तब अचंभित लोगों से उन्होंने कहा, 'यह अगले बिलियन की शुरुआत है।'

* * *

बुद्धिमान

जैसा कि वॉल स्ट्रीट में अकसर होता है, बुद्धिमान जिससे शुरुआत करते हैं, मूर्ख उसे अंत में करते हैं।

* * *

रिसर्च

हर बार पर्लमीटर एक स्टॉक इस वजह से खरीदता है, क्योंकि वह जितना चुकाता है उससे ज्यादा पैसा उसे बदले में मिलता है। सिर्फ यही चीज वह सोचता है। वह तिमाही नतीजों के अनुमानों को नहीं देखता। वह अगले साल के नतीजों को नहीं देखता। वह यह नहीं सोचता कि आज हफ्ते का कौन सा दिन है। वह इसकी परवाह नहीं करता कि कहीं से आई निवेश की रिसर्च क्या कहती है। वह कीमत की गति, प्रबलता या किसी में भी दिलचस्पी नहीं लेता। वह साधारण रूप से पूछता है कि बिजनेस का मूल्य क्या है?

* * *

जमीन पर चलना

क्या आप किसी मछली को यह समझा सकते हैं कि जमीन पर चलना कैसा होता है? जमीन पर एक दिन इसके बारे में हजार साल तक बात करने के बराबर है, और एक दिन बिजनेस करने का मूल्य भी इसी के बराबर है।

* * *

अनमोल

संकट में नकद और साहस का मेल अनमोल होता है।

* * *

बोझ

आदतों की बेड़ियाँ तब तक एकदम हलकी होती हैं, जब तक कि उनका बोझ इतना न बढ़ जाए कि उन्हें तोड़ना पड़े।

* * *

परिवर्तन

परिवर्तन, जैसा कि इंटरनेट के मामले में हुआ है, समाज के लिए दोस्ताना हो सकता है। लेकिन यह परिवर्तन का अभाव है, जो अकसर निवेशक का दोस्त होता है। जबकि इंटरनेट कई चीजों को बदल देगा। ये च्युइंगम के ब्रांड को नहीं बदल सकता, जिसे लोग चबाते हैं। चार्ली और मैं स्थिर बिजनेस चाहते हैं, जैसे कि च्युइंगम—और जीवन की अप्रत्याशित चीजों को दूसरों के लिए छोड़ देना चाहते हैं।

* * *

मुश्किल

चार्ली और मैंने यह नहीं सीखा है कि बिजनेस की मुश्किल समस्याओं को कैसे सुलझाया जाए। हमने जो सीखा है, वह यह कि इनसे कैसे बचा जाए।

* * *

काबिलियत

चार्ली और मैं यह जानते हैं कि सही लोगों की वजह से टीम मैनेजर काबिल नजर आएगा। हम ओगिल्वी और माथर के प्रतिभावान् संस्थापक डेविड ओगिल्वी के दर्शन को मानते हैं—अगर हम में से हर एक उन लोगों को नौकरी पर रखता है, जो हमसे काबिलियत में छोटे हैं

तो हम बौनों की कंपनी खड़ी कर लेंगे। लेकिन अगर हम काबिलियत में बड़े लोगों को रखेंगे तो हम विशालकाय लोगों की कंपनी खड़ी करेंगे।

❋ ❋ ❋

माहौल

चार्ली और मैं इस बात पर बहुत ध्यान देते हैं कि हमारे बिजनेस कितना अच्छा कर रहे हैं और हम उस माहौल को भी समझने की कोशिश करते हैं, जिसमें हर एक बिजनेस चल रहा है। उदाहरण के लिए, क्या हमारा कोई बिजनेस उद्योग जगत् के अनुकूल चल रहा है या प्रतिकूल चल रहा है? चार्ली और मैं यह जानना चाहते हैं कि कैसी स्थिति चल रही है, और हम अपनी उम्मीदों को उसके मुताबिक ढालते हैं।

❋ ❋ ❋

व्यक्तित्व

चार्ली और मुझे वर्ष 1959 में डेविस परिवार ने मौका दिया था। हम दो अलग-अलग व्यक्तित्व थे, जो प्रभुत्व की ओर प्रवृत्त थे। फिर भी, तब से अब तक हम दोनों में कभी बहस नहीं हुई।

❋ ❋ ❋

विश्लेषण

चार्ली किसी भी समझौते का विश्लेषण और मूल्यांकन दुनिया में किसी भी व्यक्ति के मुकाबले ज्यादा तेजी से और सटीक ढंग से कर सकता है। उसे कोई भी ताजा कमजोरी 60 सेकंड में नजर आ जाती है। वह एक आदर्श साथी है।

❋ ❋ ❋

क्षमता

चार्ली ने मुझे उस बिजनेस के फायदे पर ध्यान केंद्रित करना

सिखाया, जिसमें कमाई बढ़ाने की अद्‌भुत क्षमता होती है; लेकिन ऐसा तभी करना है, जब आपको उसमें भरोसा हो, न कि जैसा टेक्सास इंस्ट्रूमेंट्स या पोलरॉयड के साथ हुआ, जहाँ कमाई की क्षमता काल्पनिक थी।

***

दृष्टिकोण

हमारे वाइस चेयरमैन चार्ली मुंगेर और मेरे पास सिर्फ दो काम हैं—पहला यह कि हम अपने अलग-अलग कारोबार के लिए बेहतरीन मैनेजर को चुनें और रखें; दूसरा है पूँजी का आवंटन। यह इतना मुश्किल नहीं रहा है। सामान्यतया जिन कंपनियों को हमने खरीदा, उनके मैनेजर साथ आ गए, जिन्होंने अपने पूरे कॅरियर में अपनी प्रतिभा का प्रदर्शन विभिन्न कारोबारी हालात से निपटने में किया। हमसे मिलने से पहले ही वे प्रबंधन के क्षेत्र के सितारे थे और हमारा योगदान यह रहा है कि हम उनके रास्ते में नहीं आए। यह दृष्टिकोण मौलिक है—अगर मेरा काम गोल्फ टीम को मैनेज करना है—और अगर जैक निकोलस या आर्नल्ड पामर मेरे लिए खेलने को राजी होते तो मैं उनमें से किसी को यह निर्देश नहीं देता कि वे स्विंग कैसे करें।

***

बरदाश्त

चार्ली कहता है—जैसे-जैसे आप बूढ़े होते जाते हैं, आप अपने पुराने दोस्तों को ज्यादा-से-ज्यादा बरदाश्त करते हैं और नए दोस्तों को कम-से-कम।

***

दिशा

चार्ली ने मुझे उस दिशा में बढ़ाया, जहाँ न सिर्फ सस्ते दाम पर

खरीदने की बात थी, जैसा कि बेन ग्राहम ने मुझे सिखाया था। मेरे ऊपर यह उनका वास्तविक प्रभाव था। ग्राहम के सीमित दृष्टिकोण से मुझे डिगाने के लिए एक शक्तिशाली बल की जरूरत पड़ी। यह शक्ति चार्ली के दिमाग की थी। उसने नजरिए को विस्तार दिया।

***

तबाही

अमौलिक वस्तुएँ व्यापक वित्तीय तबाही के हथियार हैं।

***

विविधता

अज्ञानता के खिलाफ एक संरक्षण है। यह उन लोगों के लिए किसी काम का नहीं, जिन्हें पता है कि वे क्या कर रहे हैं।

***

मुनाफा

बहुत थोड़ा करना ज्यादा मुनाफा देनेवाला होता है।

***

नजर

जुआ मत खेलो, लेकिन असामान्य परिस्थितियों पर नजर रखो। निवेश के बेहतरीन मौके तब आते हैं, जब उच्च कोटि के कारोबारों के साथ एक बार वह घटना होती है, जो शेयर के मूल्य को आंतरिक मूल्य के मुकाबले घटा देती है।

***

पछताओ मत

पीछे मुड़कर मत देखो या पछताओ मत।

***

मत खरीदो

एक शेयर को 10 मिनट के लिए मत खरीदो, अगर तुम उसे 10 साल तक खरीदने को तैयार नहीं हो।

* * *

आर्थिक औषधि

जो पहले कप में भरकर दी जाती थी, वह इन दिनों बैरल में मिल रही है। पहले जिन मात्राओं के बारे में सोचा तक नहीं जाता था, वे अब निश्चित रूप से अप्रिय प्रभाव लाएँगे। उनकी सटीक प्रवृत्ति का अंदाजा कोई भी लगा सकता है, हालाँकि एक अवश्यंभावी नतीजा है—मुद्रास्फीति का एक हमला।

* * *

प्रशंसा

हर एक जो अपनी प्रशंसा करता है, वह दीन हो जाएगा और जो दीन है उसकी प्रशंसा होगी।

* * *

साझीदार

पहला, प्रत्येक जोड़ी अपने भागों के योग से ज्यादा मजबूत होती है; क्योंकि हर साझीदार दूसरे को समझता है, भरोसा करता है और उसकी प्रशंसा करता है। दूसरा, दोनों प्रबंधकों की टीम काबिल लोगों को अच्छा वेतन देती है, लेकिन जरूरत से ज्यादा लोगों को रखने से बचती है। तीसरा, दोनों ही उस वक्त कीमतों पर तेजी से प्रहार करते हैं, जब मुनाफा रिकॉर्ड स्तर पर होता है और जैसा कि तब, जब वे दबाव में होते हैं। आखिर में, दोनों उस चीज पर टिक जाते हैं, जिसे वे समझते हैं और उन चीजों को हासिल करते हैं, जिसे उनकी क्षमता, न कि उनका अहं तय करता है। आई.बी.एम. के थॉमस जे. वाटसन ने इसी नियम को अपनाया। उन्होंने

कहा, ''मैं कोई जीनियस नहीं हूँ। मैं कुछ जगहों में स्मार्ट हूँ, लेकिन मैं उन जगहों के इर्द-गिर्द टिका रहता हूँ।''

***

भविष्य

भविष्यवाणी आपको भविष्यवक्ता के बारे में बहुत कुछ बताएगी, लेकिन आपको भविष्य के बारे में कुछ नहीं बताएगी।

***

एयरलाइन

सच कहूँ तो कोई एयरलाइन एक बेहतरीन कारोबार नहीं बन सकता।

***

अधिग्रहण

निवेश के अच्छे विचार दुर्लभ, कीमती व प्रतिस्पर्धी हैं और विनियोग पर उसी तरह निर्भर हैं जैसे अच्छे उत्पाद और बिजनेस के अधिग्रहण के विचार होते हैं।

***

व्यवहार

अच्छा मुनाफा साधारणतया अच्छे व्यवहार के साथ असंगत नहीं होता।

***

अमीर

ग्राहम की शिक्षाओं ने कई लोगों को अमीर बनाया है और ऐसे मामले ढूँढ़ पाना मुश्किल है, जहाँ उन शिक्षाओं ने किसी को गरीब बनाया है। ऐसे लोग ज्यादा नहीं हैं, जिनके बारे में आप ऐसा कह सकते हैं।

***

खुशी

खुशी छोटे-छोटे सुधारों से मिलती है, न कि एक बार हमेशा के लिए कहीं पहुँच जाने से। किसी एक जगह में रहने भर की बजाय अगर आप अपने घर में एक कमरा और जोड़ सकें तो आपको ज्यादा खुशी होती है।

***

नुकसान

मैं हमेशा से जानता था कि मैं अमीर बनने वाला हूँ। मैं नहीं समझता कि मुझे इस पर एक मिनट के लिए भी कभी शक हुआ। एक वेस्टर्न इंश्योरेंस था, जो एक शेयर पर 16 डॉलर कमा रहा था और एक शेयर 16 डॉलर का बेच रहा था। एक नेशनल इंश्योरेंस था, जो अपने शेयर एक बार कमाई की कीमत पर बेच रहा था। उसे कैसे नुकसान हो सकता था?

***

वापसी

मैं इस देश में एक विशाल बैल हूँ। हम मंदी में दो-दो बार गोते कतई नहीं लगाएँगे। मैं अपने कारोबार को हर तरफ वापसी करते देख रहा हूँ।

***

सीमित

मैं खुद को उन चीजों तक सीमित रखूँगा, जो काफी आसान, सुरक्षित, लाभकारी और खुशी देनेवाले हैं।

***

यकीन

मैं गंभीरतापूर्वक कहता हूँ कि मैं इस बात में यकीन नहीं करता कि पूरी धरती के सिवाय कहीं इतने तीव्र सूराख हैं, जितने अमेरिका में

हैं। किसी भी इनसान को इस शब्द के सही मतलब के बारे में पर्याप्त जानकारी नहीं हो पाएगी, जब तक कि वह यहाँ नहीं आता।

* * *

क्लब

मैंने ओमाहा क्लब में दोपहर का खाना खाया, वही जो शहर के व्यावसायिक इलाके का क्लब है। मैंने गौर किया कि वहाँ एक भी यहूदी नहीं था। मुझे बताया गया कि उनके अपने क्लब हैं। अब ये जो यहूदी परिवार हैं, उन्होंने समुदाय के लिए हमेशा योगदान दिया है। उन्होंने ओमाहा के निर्माण में किसी दूसरे की तरह ही मदद की है और फिर भी वे उस क्लब में शामिल नहीं हो सकते, जिसे जॉन जोंस, एक मध्यम स्तर का यूनियम पैसिफिक कर्मचारी, यहाँ ट्रांसफर होते ही जॉइन करता है। यह अनुचित है। इसलिए मैंने यहूदियों के क्लब को जॉइन किया। मुझे चार महीने लगे। वे थोड़ा टाल-मटोल और उलझन में थे और मुझे उन्हें समझाना पड़ा। फिर मैं ओमाहा क्लब वापस गया और उन्हें बताया कि यहूदियों का क्लब अब सिर्फ यहूदियों के लिए नहीं रह गया है। मैंने यहूदी क्लब के दो या तीन सदस्यों को ओमाहा क्लब में आवेदन करवाया। अब हमने उन बंधनों को तोड़ दिया है।

* * *

सूट

मैं महँगे सूट खरीदता हूँ। मुझ पर वे सस्ते ही दिखते हैं।

* * *

कल्पना

मैं जीवन में ऐसी किसी चीज की कल्पना नहीं कर सकता, जो मेरे पास नहीं है।

* * *

कल्याण

मैं आपके वित्तीय कल्याण को एक टिकट देकर सुधार सकता हूँ, जिसमें बीस खंड होंगे, ताकि आप बीस बार कोशिश कर सकें। इनमें हर तरीके का निवेश होगा, जो आप जीवन में कर सकते हैं। और एक बार आपने कार्ड पंच कर दिया, आप और कोई भी निवेश नहीं कर पाएँगे। इस नियम के तहत आप सावधानी से सोचेंगे कि आपने क्या किया और आप फिर वही करेंगे, जिसके बारे में पूरा सोच-विचार कर लिया है। इससे आप कई गुना बेहतर कर सकते हैं।

***

तौल

मैं अपने जीवन को कमाए गए पैसों से नहीं तौलता। दूसरे करते होंगे, लेकिन मैं बिलकुल नहीं करता।

***

पार

मैं सात फीट की पट्टियों को पार करने की कोशिश नहीं करता; मैं सिर्फ एक फुट की पट्टी ढूँढ़ता हूँ, जिन्हें पार कर सकूँ।

***

भविष्यवाणी

मैं कभी ऐसे व्यक्ति से नहीं मिला, जो शेयर बाजार की भविष्यवाणी कर सके।

***

पथभ्रष्ट

मैंने 35 साल से मूल्य निवेश किया है, लेकिन आज तक इसकी प्रवृत्ति नहीं देखी है। ऐसा लगता है, जैसे कुछ पथभ्रष्ट मानवीय प्रवृत्तियाँ

हैं, जो आसान को मुश्किल बना देना चाहती हैं।

* * *

आमदनी

मैं बस इतना सोचता हूँ, जब हमें और एक देश को ज्यादा आमदनी की जरूरत होती है, हम सिर्फ जी.डी.पी. के 15 प्रतिशत की गणना करते हैं। मेरा मतलब है कि जब एक देश को ज्यादा आमदनी चाहिए तो उसे उन लोगों से लेना चाहिए, जिनके पास दौलत है।

* * *

सीख

मैंने सीखा है कि उन लोगों के साथ रहने से फायदा होता है, जो आपसे बेहतर हैं; क्योंकि तब आप थोड़ा ऊपर की ओर जाएँगे। और अगर आप उन लोगों के साथ रहेंगे, जो आपसे भी खराब व्यवहार करते हैं, तो आप जल्दी ही नीचे चलते चले जाएँगे। यह ऐसा ही होता है।

* * *

पसंद

मैं ऐसा बिजनेस पसंद करता हूँ, जिन्हें मैं जानता हूँ कि वे 5 या 10 या 20 साल में कहाँ पहुँच जाएँगे। मैं जानता हूँ कि कोक कहाँ पहुँचने वाला है।

* * *

कारोबार

मैं उन लोगों को पसंद करता हूँ, जो मुझे अपना कारोबार बेचते हैं और एक मालिक की तरह उस कारोबार को चलाते रहते हैं। मैं बेटी की शादी कर देता हूँ, लेकिन वह रहती अपने माता-पिता के साथ ही है।

* * *

उपलब्धि

मैं बर्कशायर हैथवे में काम करना कुछ साधारण कारणों से पसंद करता हूँ—यह मुझ में उपलब्धि की एक भावना पैदा करता है, जैसा उचित लगता है वैसा करने की आजादी देता है। और उन लोगों के साथ बातचीत करने का हर दिन मौका मिलता है, जिन्हें मैं पसंद करता हूँ और भरोसा करता हूँ।

* * *

सलाह

मैं दलालों या विश्लेषकों से कभी बात नहीं करता। वॉल स्ट्रीट ही एक ऐसी जगह है, जहाँ रॉल्स रॉयस से काम पर आनेवाले लोग उन लोगों से सलाह लेते हैं, जो सब-वे से पैदल जाते हैं।

* * *

स्रोत

मैं जिस कंपनी की देखरेख करता हूँ, उसकी सालाना रिपोर्ट को पढ़ता हूँ और मैं प्रतिस्पर्धियों की रिपोर्ट को भी पढ़ता हूँ। वही सामग्री के मुख्य स्रोत होते हैं।

* * *

संस्करण

मैंने वर्ष 1950 की शुरुआत में इस पुस्तक (दि इंटेलिजेंस इन्वेस्टर) का पहला संस्करण पढ़ा था। तब मैं करीब 19 वर्ष का था। मैंने सोचा, निवेश पर अब तक लिखी पुस्तकों में यह सर्वोत्तम पुस्तक है। आज भी मैं यही सोचता हूँ।

* * *

व्यवस्थित

मैं अपने जीवन को पसंद करता हूँ। मैंने अपने जीवन को ऐसे

व्यवस्थित किया है कि मैं जो चाहूँ, वह कर सकता हूँ।

❋ ❋ ❋

क्षमता

मैं समझता हूँ, मंदी से उबरने के सबसे महत्त्वपूर्ण तथ्य हैं—अमेरिकी पूँजीवाद की पुनरुत्पादक क्षमता।

❋ ❋ ❋

विस्तार

मैं संपूर्ण विस्तार चाहता हूँ। मैंने चार्ज इकट्ठा किए और शेयर के बारे में तमाम तकनीकी बातें पढ़ीं। मैंने सुझावों को सुना और तब मैंने लिया ग्राहम का सिक्यूरिटी एनालिसिस किया। यह रोशनी देखने जैसा था।

❋ ❋ ❋

कार्य-कुशल

अगर बाजार हमेशा कार्य-कुशल होता तो मैं सड़क पर पागल की तरह टिन का कप लेकर घूम रहा होता।

❋ ❋ ❋

लॉटरी

मैं लॉटरी का एक टिकट तोहफे में खुशी से कबूल कर लूँगा, पर कभी खरीदूँगा नहीं।

❋ ❋ ❋

अक्षमता

मैं मान चुका हूँ कि बाजार में काफी अक्षमता है। इन ग्राहम एंड डोड्सविले निवेशकों ने कीमत और मूल्य के अंतर का कामयाबी से फायदा उठाया है।

❋ ❋ ❋

आकलन

मैं उनकी (बिल गेट्स की) तकनीकी क्षमता का आकलन करने में सक्षम नहीं हूँ, लेकिन मैं कारोबार के प्रति उनके प्रेम को अद्‌भुत मानता हूँ। अगर बिल ने एक हॉट डॉग का स्टैंड शुरू किया होता तो वे दुनिया के हॉट डॉग किंग बन जाते। वे किसी भी खेल में जीत सकते हैं। वे मेरे कारोबार में बहुत अच्छा कर सकते हैं, लेकिन मैं उनके कारोबार में अच्छा नहीं कर सकता।

***

दृष्टिकोण

मैंने अब तक ऐसे किसी व्यक्ति को नहीं देखा है, जो दस वर्ष की अवधि में धीरे-धीरे इस दृष्टिकोण की ओर परिवर्तित हुआ हो। यह आईक्यू या शैक्षणिक ट्रेनिंग की बात भी नहीं है। यह तत्काल पहचान लेने की बात है या फिर कुछ नहीं है।

***

शेयर

अगर एक बिजनेस अच्छा करता है तो शेयर भी वैसा ही करते हैं।

***

अनुमान

अगर किसी कंपनी के भविष्य का अनुमान नहीं लगाया जा सकता तो उसका मूल्य भी नहीं लगाया जा सकता।

***

उद्धरण

अगर कोई एम.बी.ए. का छात्र मुझसे पूछे कि मैं तुरंत अमीर कैसे बन सकता हूँ? तो मैं बेन फ्रैंकलिन या होराशियो अलगर के उद्धरण नहीं सुनाऊँगा; लेकिन इसकी बजाय एक हाथ से अपनी नाक पकड़ूँगा

और दूसरे हाथ से उसे वॉल स्ट्रीट दिखाऊँगा।

***

टैक्स

कुछ नहीं तो निम्न व मध्य वर्ग के लिए और हो सके तो उच्च-मध्य वर्ग पर लगनेवाले टैक्स को कुछ और कम करना चाहिए। लेकिन मैं सोचता हूँ कि ऊँचाई पर बैठे मेरे जैसे लोगों को और ज्यादा टैक्स अदा करना चाहिए। हमारी स्थिति पहले से बेहतर है, जैसी पहले कभी नहीं थी।

***

नीति

अगर फेड के चेयरमैन एलन ग्रींसपैन मुझे फुसफुसाकर बता भी दें कि अगले दो वर्षों में उनकी मौद्रिक नीति क्या होगी, तब भी मैं जो करता हूँ, उसमें एक भी बदलाव नहीं लाऊँगा।

***

अवधारणा

अगर यह किसी व्यक्ति को तुरंत आकर्षित नहीं करता तो मैं समझता हूँ कि आप उससे वर्षों बात करें और रिकॉर्ड दिखाएँ—और तब भी कोई फर्क नहीं पड़ेगा। उन्हें अवधारणा की समझ ही नहीं है। यह एकदम साधारण सी बात है।

***

परवाह

अगर यह महत्त्वहीन या जानने लायक नहीं है तो इसकी परवाह मत करो।

***

सिद्धांत

अगर सिद्धांत किसी तारीख से बँध जाएँ तो वे सिद्धांत नहीं रह जाते।

***

मुसीबत

अगर कोई जीवन में पीछे मुड़कर देखता है और इस बात से मूल्यांकन करता है कि आज उसके पास कितना है या पिछले साल उसने कितना कमाया, तो जल्दी ही या आगे चलकर वे मुसीबत में पड़ने वाले हैं।

***

पाउंड

अगर आप 10,000 पाउंड का ट्रक एक पुल से बार-बार गुजारने वाले हैं तो यह अच्छा रहेगा कि आप ऐसा पुल बनाएँ, जो 10,000 पाउंड की बजाय 15,000 पाउंड के बोझ को सह सके। यह एक बड़ी गलती है कि दुनिया भर के वित्तीय दायित्व हों और कोई कैश रिजर्व न हो। निजी तौर पर मैंने कभी 25 प्रतिशत से ज्यादा उधार का पैसा अपने जीवन में इस्तेमाल नहीं किया है—तब भी, जब मेरे पास सिर्फ 10,000 डॉलर थे और मेरे पास ऐसे विचार थे, जिनसे मैं 10 करोड़ डॉलर बनाने की इच्छा रखता था।

***

उपयोग

एक बिजनेस, जिसमें उपयोग में आनेवाली वस्तु बेची जाती है, वहाँ अपने सबसे बुद्धू प्रतिस्पर्धी से कई गुना होशियार होना नामुमकिन है।

***

अछूता

मेरी राय में, निवेश में कामयाबी आरकेन फॉर्मूला, कंप्यूटर प्रोग्रामों या शेयरों और बाजारों के भावों का रुख बतानेवाले संकेतों से हासिल नहीं की जा सकती। इसकी बजाय एक निवेशक बेहतर कारोबारी फैसलों के साथ बाजार में घूम रहे सुपर संक्रामक भावनाओं से अपनी सोच और व्यवहार को अछूता रखने की क्षमता से कामयाब हो सकता है। मैंने खुद को अछूता रखने के प्रयासों में पाया है कि बेन का मिस्टर मार्केट वाला नजरिया दिमाग में बिठा लेने से काफी फायदा मिलता है।

* * *

संघर्ष

20वीं शताब्दी में संयुक्त राज्य अमेरिका ने दो विश्व युद्ध झेले और अन्य दर्दनाक तथा महँगे सैन्य संघर्ष से गुजरा; मंदी या दर्जन भर मंदियों और वित्तीय खलबली, तेल का संकट, फ्लू की महामारी और एक कलंकित राष्ट्रपति का इस्तीफा। फिर भी डॉव में 66 से 11,497 की वृद्धि हुई।

* * *

आईने

कारोबार की दुनिया में पीछे देखनेवाले आईने से सामने के शीशे के मुकाबले ज्यादा साफ दिखाई देता है।

* * *

यकीन

अंत में, किसी और चीज के मुकाबले मैं हमेशा अपनी आँखों देखी चीज पर यकीन करता हूँ।

* * *

मशीन

छोटे दौर में बाजार का रुख वोटिंग मशीन है। लंबे दौर में यह एक तौलनेवाली मशीन है।

***

खेल

निस्संदेह, अगर आप निश्चित नहीं हैं कि आप मिस्टर मार्केट से अपने कारोबार को अच्छा समझते हैं या उसका मोल जानते हैं तो आप इस खेल के लायक नहीं हैं।

***

अध्ययन

निवेश मानव स्वभाव का एक अध्ययन है।

***

निवेश

निवेश कोई खेल नहीं है, जिसमें 160 आईक्यू वाला 130 आईक्यू वाले एक शख्स को पछाड़ देता है।

***

निवेश साधारण है, लेकिन आसान नहीं।

***

गतिविधि

निवेश संपत्ति की जीवन-अवधि पर मुनाफे की भविष्यवाणी की एक गतिविधि है। अनुमान बाजार के मनोविज्ञान की भविष्यवाणी की एक गतिविधि है।

***

तर्कसंगत

निवेश हर हाल में तर्कसंगत होना चाहिए। अगर आप नहीं समझते तो मत कीजिए।

* * *

मददगार

मेरे लिए ऐसे लाखों (छात्रों) का बिजनेस स्कूलों से पास होना मददगार होता है, जिन्हें शिक्षा दी जाती है कि सोचने का कोई फायदा नहीं होता।

* * *

कीमत

यह कई गुना बेहतर है कि शानदार कंपनी सही कीमत पर खरीदी जाए, बनिस्पत कि सही कंपनी शानदार कीमत पर। मैं अच्छे नतीजों के लिए निश्चित हो सकता हूँ, बजाय महान् नतीजों के लिए आशान्वित होने के।

* * *

असाधारण

यह जरूरी नहीं कि असाधारण नतीजों के लिए असाधारण काम किए जाएँ।

* * *

पूर्वानुमान

ऐसा नहीं है कि हम एक तकनीकी कारोबार या इसके उत्पादन को नहीं समझते। इनमें निवेश न करने की वजह यह है कि हम अब से 10 वर्ष बाद की अर्थव्यवस्था का पूर्वानुमान लगाने की बात को समझ नहीं सकते।

* * *

हासिल

नेकनामी हासिल करने में 20 वर्ष लगते हैं और बदनामी में 5 मिनट। अगर आप इसके बारे में सोचेंगे तो आप चीजों को अलग तरीके से करेंगे।

❋ ❋ ❋

खर्च

पैसा बनाना इसे खर्च करने से ज्यादा आसान है।

❋ ❋ ❋

मुश्किल

बाद में मुश्किल से उबरने की बजाय अभी इससे बाहर निकलना आसान होता है।

❋ ❋ ❋

पैसा

ऐसा नहीं है कि मुझे पैसा अच्छा लगता है। मुझे पैसा बनाने में और उसे बढ़ता देखने में आनंद आता है।

❋ ❋ ❋

ज्वार

एक बार जब ज्वार लौट जाता है, तभी आपको पता चलता है कि कौन निर्वस्त्र तैर रहा था।

❋ ❋ ❋

बेहतर

अपने से बेहतर लोगों के साथ समय बिताना अच्छा होता है। उन सहकर्मियों को चुनिए, जिनका व्यवहार आपसे अच्छा है और आप उसी दिशा में चलते जाएँगे।

❋ ❋ ❋

शर्त

अमेरिका के खिलाफ शर्त लगाने का कभी फायदा नहीं होता। हम कई चीजों से होकर गुजरते हैं; लेकिन यह सफर कभी आसान नहीं होता।

***

मूर्ख

मूर्ख जो लिखते हैं, उन्हें मूर्खों को ही पढ़ने दो।

***

उतार-चढ़ाव

बाजार के उतार–चढ़ाव को अपने दुश्मन की बजाय दोस्त की तरह देखो; चूक में शामिल होने की बजाय चूक का फायदा उठाओ।

***

साथी

पहले किसी को ढूँढ़ो, जो तुमसे स्मार्ट और बुद्धिमान दोनों हो। उसे ढूँढ़ने के बाद उससे कहो कि अपनी श्रेष्ठता न दिखाए, ताकि तुम कई कामयाबियों का श्रेय खुद ले सको, जिनकी वजह उसके विचार और सलाह रहे हैं। ऐसा साथी ढूँढ़ो, जो कभी आपका अनुमान न लगा सके, न ही अफसोस करे, जब आपने कुछ महँगी गलतियाँ कर दीं। एक उदार हृदयवाले को ढूँढ़ो, जो अपना पैसा लगाए और कौड़ियों के लिए काम करे। अंत में, ऐसा साथी बनाओ, जो लंबे सफर में हमेशा मौज–मजा को बढ़ाता जाए।

***

मोल

मैनेजर और निवेशक दोनों को ही समझ लेना चाहिए कि अकाउंटिंग के नंबर बिजनेस का मोल लगाने की शुरुआत होते हैं, अंत नहीं।

***

बाजी

अपनी क्षमताओं पर बड़ी बाजी लगानेवाले मैनेजरों में कई क्षमताएँ होती हैं, जिन पर बाजी लगाई जा सकती है।

***

प्रतिशत

हो सकता है, फ्रांस के 8 एकड़वाले अंगूर के बाग के अंगूर दुनिया में सर्वश्रेष्ठ हैं; लेकिन मुझे हमेशा से शक है कि करीब 99 प्रतिशत कहने की बात है और सिर्फ 1 प्रतिशत इसे पाने की।

***

उत्पाद

पैसा उस काम का एक गौण उत्पाद है, जिसे मैं बेहतरीन तरीके से कर सकता हूँ।

***

बदलाव

पैसा इसमें कोई बदलाव नहीं ला सकता कि आप कितने स्वस्थ हैं या कितने लोग आपको चाहते हैं।

***

दिलचस्प

पैसा कुछ हद तक कभी-कभी आपको दिलचस्प परिस्थितियों में पहुँचा देता है। लेकिन यह इसमें कोई बदलाव नहीं ला सकता कि आप कितने स्वस्थ हैं या कितने लोग आपको चाहते हैं।

***

हिस्सा

ज्यादातर बिजनेस के मालिक अपने जीवन का बेहतर हिस्सा अपना कारोबार खड़ा करने में लगा देते हैं। अनेक बार आजमाए अपने अनुभव

से वे सौदा, खरीदारी, बहाली इत्यादि में अपने हुनर को तराशते हैं। यह सीखने की एक प्रक्रिया है और एक वर्ष में की गई गलतियाँ अकसर आनेवाले वर्षों में कुशलता बढ़ाते हैं और कामयाबी में योगदान करते हैं।

***

स्वतंत्र

हमारे ज्यादातर मैनेजर स्वतंत्र रूप से धनवान् हैं और इस वजह से यह हम पर है कि हम ऐसा माहौल बनाएँ, जिनसे वे गोल्फ खेलने और मछली पकड़ने की बजाय बर्कशायर के लिए काम करने का चुनाव करें।

***

रुचि

ज्यादातर लोग शेयर में दिलचस्पी लेते हैं, जब पहले से हर कोई दिलचस्पी ले रहा होता है। रुचि लेने का समय तब आता है, जब कोई और रुचि नहीं ले रहा हो। जो चीज मशहूर है, उसे खरीदकर आप अमीर नहीं बन सकते।

***

फेर

मिस्टर मार्केट आपकी सेवा में है, आपको दिशा-निर्देश देने के लिए नहीं है। यह विनाशकारी होगा, अगर आप उसके फेर में फँस गए।

***

गलतियाँ

मेरी सबसे बड़ी गलतियाँ वे निवेश हैं, जो मैंने किए नहीं।

***

मैं अपनी गलतियों को बताना चाहता हूँ। इसका मतलब यह है कि

मैं वही करना चाहता हूँ, जिसे पूरी तरह समझता हूँ।

***

जरूरत

एक नाई से कभी मत पूछो—क्या मुझे बाल कटवाने की जरूरत है?

***

झूठ

किसी भी हालत में झूठ मत बोलो। वकीलों की बात पर ध्यान मत दो। अगर आपने वकीलों को शामिल कर लिया तो वे आपसे कहेंगे, कुछ मत बोलना। आप कभी नहीं उलझेंगे, अगर आपने जो कुछ देखा, उसे सच-सच बता दें।

***

विशिष्टता

उन अरबपतियों में से, जिन्हें मैं जानता हूँ, पैसा सिर्फ उनकी अंदरूनी विशिष्टता को बाहर लाता है। अगर वे पैसा आने से पहले मूर्ख थे तो वे अरबों डॉलर कमाने के बाद भी साधारणतया मूर्ख ही रहेंगे।

***

सबक

एक सबक यह है कि आपने शेयर की जो कीमत दी है, उस पर हद से ज्यादा अड़ें नहीं और दूसरा यह कि बिना सोचे छोटा मुनाफा कमाने की हड़बड़ी न करें।

***

कामयाबी

प्रतिभूतियों के साथ काम करने के दौरान मुझे एक चीज ने आकर्षित

किया कि आप अपना जीवन जी सकते हैं। आपको कामयाबी की चिंता नहीं करनी है।

***

स्थिति

आप वही खरीदें, जिसे आप उस स्थिति में अपने साथ रखकर बेहद खुश हों, अगर बाजार 10 वर्ष के लिए बंद कर दिया जाए।

***

नजरिया

हमारा (निवेश का) नजरिया हमारे व्यक्तित्वों से मेल खाता है और जिस तरीके से हम अपनी जिंदगी जीना चाहते हैं।

***

अवधि

हमारी पसंदीदा होल्डिंग अवधि है—हमेशा के लिए।

***

लक्ष्य

हमारा लक्ष्य एक बेहतरीन बिजनेस को तर्कसंगत कीमत पर खरीदने का होता है, न कि एक औसत दर्जे के बिजनेस को तौल-मोल से खरीदने का।

***

फॉर्मूला

लोगों को हमेशा एक फॉर्मूला चाहिए; लेकिन यह हमेशा उस तरीके से काम नहीं करता। आपके अब से लेकर अनंत काल तक आनेवाले कैश का अंदाजा लगाना होता है और छूट के साथ इसे आज वापस लौटाना होता है। पी/ई के पैमाने अपने आप में काफी नहीं हैं।

***

गैर-मूल्य

लोग जो गैर-मूल्य की वजहों से खरीदते हैं, वे गैर-मूल्य की वजह से बेचते भी हैं। उनकी मौजूदगी से कीमतों में बेहिसाब उतार-चढ़ाव की स्थिति उत्पन्न होती है, जो व्यावसायिक बदलावों से जुड़ी नहीं होती।

***

लॉटरी

लोग धीरे-धीरे अमीर बनने का एक मौका दिए जाने के बजाय यह वादा चाहते हैं (शायद) कि अगले हफ्ते उनकी लॉटरी लग जाएगी।

***

परोपकार

परोपकार करना बिजनेस करने से ज्यादा मुश्किल है। आप उन महत्त्वपूर्ण समस्याओं को सुलझा रहे हैं, जिन्हें बुद्धिमान और धनवान लोगों ने पहले सुलझाया है और ऐसा करने में उन्हें खासी मुश्किल आई। इसलिए, परोपकार में प्रतिभा की तलाश निवेश में प्रतिभा की तलाश से ज्यादा महत्त्वपूर्ण होनी चाहिए, जहाँ खेल इतना मुश्किल नहीं है।

***

दृष्टि

दर्शन की दृष्टि से मैं वृद्ध वार्ड में हूँ। हम निवेश की एक ऐसी दुनिया में रह रहे हैं, जहाँ जरूरी नहीं कि लोगों को तर्क से भरोसा करने के लिए समझाया जा सके; लेकिन आशावादी और लालची तथा विश्वास करने के एक बहाने का लालच उन्हें समझा सकता है।

***

श्रेणी

नाम से तारीफ करो, श्रेणी से आलोचना।

❋ ❋ ❋

होशियारी

कीमतों में उतार-चढ़ाव जब कीमत तेजी से गिरती है तो होशियारी से खरीदारी का एक मौका देते हैं, बाकी समय में अच्छा हो कि आप बाजार को भूल जाएँ और कंपनियों के परिचालन खर्च पर ध्यान दें।

❋ ❋ ❋

कीमत

कीमत वह है, जो आप अदा करते हैं; मूल्य वह है, जो आप वापस पाते हैं।

❋ ❋ ❋

प्रदर्शन

कीमत कुछ भी हो, हमें इसमें कोई दिलचस्पी नहीं कि हम बर्कशायर के किसी अच्छे कारोबार को बेचें और उप-स्तर के कारोबार को बेचने में भी हिचकते हैं, चाहे वह प्रदर्शन को खराब क्यों न कर रहा हो, तब तक जब तक कि हम उम्मीद करते हैं कि वे कुछ कैश कमाते रहेंगे और जब तक कि हम उनके प्रबंधकों व श्रमिकों के बीच के संबंध को लेकर खुश हैं।

❋ ❋ ❋

रिटायरमेंट

मेरे रिटायरमेंट प्लान? मरने के करीब 5 से 10 साल बाद।

❋ ❋ ❋

जोखिम

जोखिम तब होता है, जब आप जानते नहीं कि आप क्या कर रहे हैं।

❋ ❋ ❋

जोखिम और इनाम पर एक महत्त्वपूर्ण बात। कभी-कभी जोखिम और इनाम को सकारात्मक तरीके से एक-दूसरे से जोड़ा जाता है। अगर कोई मुझसे कहे, मेरे पर सिक्सर है और मैंने इसमें एक गोली डाली है। क्यों नहीं आप इसे घुमाते हैं और ट्रिगर दबाते हैं? अगर आप बच गए तो मैं आपको 10 लाख डॉलर दूँगा। मैं इनकार कर दूँगा, शायद यह कहकर कि 10 लाख डॉलर काफी नहीं हैं। फिर वह मुझे दो बार ट्रिगर दबाने के लिए 50 लाख डॉलर ऑफर कर सकता है। अब यह जोखिम और इनाम के बीच एक सकारात्मक संबंध है! वैल्यू इन्वेस्टिंग के मामले में इसका ठीक उलट ही सच है। अगर आप 1 डॉलर का बिल 60 सेंट में खरीदते हैं तो ये उस मुकाबले जोखिम भरा है, जब आप 1 डॉलर का बिल 40 सेंट में खरीदते हैं; लेकिन इनाम की उम्मीद दूसरे केस में ज्यादा बड़ी है। मूल्य पोर्टफोलियो में इनाम की क्षमता जितनी ज्यादा होगी, जोखिम उतना ही कम होगा।

* * *

जोखिम भगवान् के खेल का एक हिस्सा है—लोगों और देशों के लिए एक बराबर।

* * *

नियम

नियम नंबर 1 : पैसे का नुकसान मत करो। नियम नंबर 2 : पहला नियम मत भूलो। नियम नंबर 3 : कर्ज में मत फँसो।

* * *

विचार

कई वर्ष पहले बेन ग्राहम, तब करीब 80 वर्ष के हो चुके थे, उन्होंने एक दोस्त से अपने मन में उठनेवाला यह विचार बताया कि वे

हर दिन कुछ मूर्खतापूर्ण (सनकी), कुछ रचनात्मक और कुछ उदारतापूर्ण करना चाहते हैं।

***

लंगर

आकार प्रदर्शन का लंगर है।

***

क्षमता

एक जबरदस्त कारोबार की प्राथमिक कसौटी के रूप में हम एक खाई के लिहाज से सोचते हैं, जिसकी चौड़ाई को बरकरार रखने की क्षमता हो तथा उसे पार कर पाना असंभव हो। और हम अपने प्रबंधकों को बताते हैं कि हम हर साल उस खाई को और चौड़ा होते देखना चाहते हैं। इसका मतलब अनिवार्य रूप से यह नहीं है कि मुनाफा इस साल पिछले साल की तुलना में ज्यादा होगा, क्योंकि कभी-कभी ऐसा नहीं भी हो सकता है। हालाँकि खाई यदि हर साल चौड़ी हो जाए तो कारोबार काफी अच्छा कर सकेगा। जब हम देखते हैं कि एक खाई किसी भी प्रकार से पतली है तो यह बड़ा जोखिम भरा होता है। हमें समझ नहीं आता कि इसका मूल्यांकन कैसे करें। और इस वजह से ही हम इसे अकेला छोड़ देते हैं। हम समझते हैं कि हमारे सभी कारोबार या लगभग हमारे सभी बिजनेस अच्छी तरह से तैयार की गई खाइयाँ हैं।

***

धनवान

हमारे कुछ अहम प्रबंधक स्वतंत्र रूप से धनवान हैं (हम उम्मीद करते हैं कि वे सभी ऐसा बनें), लेकिन इससे उनकी नियमित अभिरुचि को कोई खतरा नहीं होता। वे काम करते हैं; क्योंकि जो वे करते हैं, उसे चाहते हैं और उत्कृष्ट प्रदर्शन के रोमांच का आनंद लेते हैं। वे लगातार

खुद को मालिक जैसा समझते हैं (यह सबसे बड़ा सम्मान है, जो हम एक मैनेजर को दे सकते हैं) और अपने बिजनेस के हर पहलू में खोए रहते हैं।

❋ ❋ ❋

खूबियाँ

किसी ने एक बार ऐसा कहा कि नौकरी पर लोगों की तलाश के दौरान आप उनमें तीन खूबियाँ ढूँढ़ते हैं—ईमानदारी, बुद्धि और ऊर्जा। और अगर उनमें पहला नहीं है तो बाकी के दो आपको बरबाद कर देंगे। आप इस पर सोचकर देखें, यह सच लगेगा। अगर आपने पहले के बिना किसी को नौकरी पर रखा तो आप उन्हें एकदम मूर्ख और आलसी देखना चाहेंगे।

❋ ❋ ❋

छाया

आज कोई छाया में बैठा है, क्योंकि किसी ने कई साल पहले एक पेड़ लगाया था।

❋ ❋ ❋

अटकल

अटकल तब सबसे खतरनाक होती है, जब उसे लगाना सबसे आसान दिखाई देता है।

❋ ❋ ❋

सामर्थ्य

अपने सामर्थ्य के दायरे में निवेश करते रहो।

❋ ❋ ❋

निवेश

निवेश में कामयाबी का आईक्यू से कोई लेना-देना नहीं है, अगर

आप एक बार 25 के स्तर से ऊपर चले गए। एक बार आपके पास औसत बुद्धि आ गई तो आपको ऐसी मनोदशा चाहिए, जो उस उत्तेजना को काबू करे, जिसकी वजह से दूसरे लोग निवेश करने की मुसीबत में फँस जाते हैं।

* * *

क्षमता

कीमत बढ़ाने की क्षमता खुद को सही मायने में अलग रखने की क्षमता, और सही मायने का मतलब है कि आप एक अलग कीमत वसूल सकते हैं। यही एक बिजनेस को शानदार बनाता है।

* * *

साधारण

बिजनेस स्कूल साधारण व्यवहार के मुकाबले जटिल और मुश्किल व्यवहार को पुरस्कृत करते हैं; लेकिन साधारण व्यवहार ज्यादा असरदार होता है।

* * *

प्रबल

एक 20 वर्ष की अवधि में दबदबेवाला रिटेलर जरूरी नहीं कि अगली बार भी उतना ही प्रबल हो।

* * *

ऊपर

दुनिया का सबसे मूर्ख व्यक्ति वह है, जो उस वक्त शेयर खरीदता है, जब उसकी कीमत ऊपर जा रही हो।

* * *

यथार्थ

यह यथार्थ पहले से अनुमानित है कि लोगों में लालच, भय या

दोष होता है। यह इसी क्रम में होता है। इसका पूर्वानुमान नहीं लगाया जा सकता।

***

वसूली

जो वित्तीय हिसाब-किताब चार्ली और मैंने अपनाया, उससे हमारे कारोबार को कभी कुछ प्रतिशत की वसूली की कोशिश करने पर रातों को नींद नहीं आएगी। मैंने कभी उन चीजों को जोखिम में डालने पर यकीन नहीं किया, जो मेरे परिवार व दोस्तों के पास है और उन्हें उन चीजों को हासिल करने में इस्तेमाल किया जाना है, जो उनके पास नहीं हैं और जिनकी जरूरत उन्हें नहीं है।

***

कदम

मुनाफा-वसूली का पहला कदम है कि गलत कदम उठाना बंद करो।

***

भविष्य

भविष्य कभी स्पष्ट नहीं होता। आप शेयर बाजार में एक हर्षित सामंजस्य के लिए बहुत बड़ी कीमत चुकाते हैं। अनिश्चितता लंबी अवधि के शेयर खरीदनेवालों की साथी होती है।

***

तथ्य

अपरिहार्य तथ्य यह है कि किसी संपत्ति का मूल्य, चाहे उसकी प्रकृति कुछ भी हो, लंबे दौर में इसकी आमदनी के मुकाबले तेजी से तरक्की नहीं कर सकता।

***

निवेशक

आज का निवेशक कल की बढ़ोतरी से फायदा नहीं उठाता।

***

जानकारी

महत्त्वपूर्ण यह है कि आपके पास दूसरे से ज्यादा जानकारी हो, फिर उसका विश्लेषण सही हो और उसे तर्कसंगत रूप से इस्तेमाल किया जाए।

***

मार्केट

मार्केट एक संदर्भ बिंदु की तरह होता है, ताकि यह देखा जा सके कि क्या कोई कुछ मूर्खतापूर्ण करने वाला है। जब हम शेयर में निवेश करते हैं तो इसका मतलब बिजनेस में निवेश होता है।

***

दुश्मन

कम कीमत की सबसे आम वजह होती है निराशावाद—कभी व्यापक तो कभी एक खास कंपनी या उद्योग से जुड़ा। हम ऐसे माहौल में कारोबार करना चाहते हैं, इस वजह से नहीं कि हमें निराशावाद पसंद है, बल्कि हमें इसके द्वारा उत्पन्न कीमत पसंद है। यह तो आशावाद है, जो तर्कसंगत खरीदार का दुश्मन है। इन्हें खरीदने का समय उस दिन आता है, जिस दिन इसका कोई खरीदार न हो।

***

अनुमान

शेयर का अनुमान लगानेवालों का बस इतना फायदा है कि वे भविष्यवक्ताओं को थोड़ा बेहतर बना देते हैं।

***

प्यार

जीवन का मकसद है कि आपसे वे लोग ज्यादा-से-ज्यादा प्यार करें, जिन्हें आप खुद से प्यार करते देखना चाहते थे।

❋ ❋ ❋

खर्च

अमीर हमेशा यही कहेंगे, तुम समझे, हमें बस और पैसे दे दीजिए और आपको ज्यादा मिलेगा और आप खर्च कर सकेंगे—और यह सब धीरे-धीरे आप लोगों तक पहुँच जाएगा। लेकिन पिछले 10 वर्षों से यह काम नहीं आ रहा है और मुझे उम्मीद है कि अमेरिकी लोग अब इस पर अपनी पकड़ बनाने वाले हैं।

❋ ❋ ❋

जोखिम

पैसे बनाने का राज है—जोखिम से बचना। आप जोखिम तब उठाते हैं जब आप इसे खर्च करते हैं।

❋ ❋ ❋

अपना हेलमेट मत भूलो

नोट्रे डेम में खिलाड़ियों के प्रवेश-द्वार पर लिखा है—'आज एक चैंपियन की तरह खेलो।' मैं कभी-कभी मजाक करता हूँ कि नेब्रास्क के साइन बोर्ड पर लिखा है—'अपना हेलमेट मत भूलो'। चार्ली और मैं 'अपना हेलमेट मत भूलो' जैसे लोग हैं। हम इसे आसान रखना चाहते हैं।

❋ ❋ ❋

नासमझ

बाजार का रुख जितना नासमझ होता है, कारोबार जैसा निवेश

करने का अवसर उतना ही बड़ा होता है।

***

पत्रकार

पत्रकार जितने होशियार होते हैं, समाज उतना ही बेहतर होता है; क्योंकि कुछ हद तक लोग जानकारी के लिए अखबार पढ़ते हैं। और शिक्षक जितना अच्छा होता है, छात्र उतना ही बेहतर करते हैं।

***

सौदेबाजी

सौदेबाजी की जंग में हारनेवाले की तरफ रहना सबसे फायदेमंद होता है।

***

समझौता

अगर आप सही तरीके की बर्फ के पास हैं तो बर्फ के गोले आसानी से बन जाएँगे, और मेरे साथ वही हुआ। मेरा मतलब पैसे से समझौता भी नहीं है। यह दुनिया को समझने के लिहाज से है और आप अपने इर्द-गिर्द कैसे दोस्त जुटा रहे हैं। आपको आगे चलकर चुनना होगा और आपको ऐसा बनना होगा, ताकि बर्फ खुद आपके साथ आना चाहे। आपको सही मायने में अपने तरीके का एक गोला बर्फ बनना होगा। अच्छा होगा कि आप चलते समय बर्फ उठाते जाएँ, क्योंकि आप दोबारा पहाड़ी की चोटी पर चढ़ नहीं पाएँगे। इसी तरीके से जिंदगी चलती है।

***

शेयर बाजार

शेयर बाजार कोई स्ट्राइक गेम नहीं है। आपको हर चीज को लपकना नहीं है। आपको अपनी पिच का इंतजार करना है। जब आप पैसों का प्रबंधन करते हैं तो मुश्किल यह होती है कि आपके फैंस

चीखते रहते हैं—अपने कूल्हे हिलाओ।

***

गतिशील

शेयर बाजार एक स्थानांतरण केंद्र की तरह काम करता है, जहाँ पैसा गतिशील से धैर्यवान के पास जाता है।

***

ट्रिक

ट्रिक यह है कि जब करने को कुछ नहीं हो तो कुछ भी मत करो।

***

दौलत

दौलत तक का रास्ता सुपर मार्केट के रास्ते जितना चिकना है। यह दो शब्दों पर निर्भर करता है—उद्यम और कंजूसी।

***

कायापलट

यहाँ 30.9 करोड़ लोग हैं, जो अपने जीवन का कायापलट करना चाहते हैं। और हमारे पास वह प्रणाली है, जिससे वे ऐसा कर सकते हैं।

***

नियम

हमेशा से ऐसे लोग रहे हैं, जो कहते हैं कि नियम बदल गए हैं। लेकिन ऐसा सिर्फ दिखता है, अगर समय की सीमा बहुत छोटी हो।

***

होशियार

कुछ ऐसे कारोबार हैं, जहाँ आपको एक बार होशियार बनना होता है और जहाँ आपको इसे बचाए रखने के लिए हर दिन होशियार बनना पड़ता है। खुदरा व्यापार उन्हीं में से एक है। अगर आपको खुदरा

व्यापार पसंद आ जाता है तो उसे बचाए रखने के लिए हर दिन तैयार रहिए।

***

किस्मत

एक और विकल्प है—कुछ मत कीजिए। सक्रिय व्यापार करने की बजाय कई वर्षों तक अच्छे शेयर रखकर किस्मत ज्यादा चमकाई जा सकती है।

***

प्रवृत्तियाँ

कुछ विकृत इनसानी प्रवृत्तियाँ होती हैं, जो आसान चीजों को मुश्किल बना देना चाहती हैं।

***

दर्शन

यह हमारे निवेश दर्शन की आधारशिला है—एक अच्छी बिक्री पर खुश मत होओ। खरीदारी को इतना आकर्षक बनाओ कि एक औसत बिक्री से सभी अच्छे नतीजे मिलें।

***

ग्राहम और डॉड

जो ग्राहम और डॉड को पढ़ते हैं, वे लगातार समृद्ध होते रहेंगे।

***

सबक

लिहाजा हमारा पहला सबक—बिजनेस कुल वास्तविक संपत्तियों से ज्यादा कीमती होते हैं, जब उनमें ऐसी संपत्तियों से कहीं ज्यादा आमदनी पैदा करने की क्षमता होती है, जिनकी बाजार में वसूली करने की क्षमता ज्यादा नहीं होती। अतिरिक्त आमदनी का यह नकद मूल्य ही

आर्थिक सद्भावना होता है।

***

साथी

समय शानदार बिजनेस का साथी होता है और औसत का दुश्मन। आप सोचेंगे कि यह सिद्धांत तो स्वाभाविक है, लेकिन मैंने इसे बड़ी मुश्किल से सीखा। एक शानदार कंपनी को सही कीमत पर खरीदना बहुत अच्छा होता है, बजाय एक सही कंपनी को शानदार कीमत पर खरीदने से। चार्ली ने यह पहले समझ लिया था, मैं धीमी गति से सीखने वाला था। लेकिन अब, जब कंपनियाँ और शेयर खरीदने की बात होती है, हम पहले दर्जे के कारोबार तलाशते हैं, जिनमें चोटी की प्रबंधन व्यवस्था हो। इससे एक और जुड़ा हुआ सबक सीखते हैं—अच्छे घुड़सवार अच्छे घोड़ों पर बढ़िया कर सकते हैं, न कि लँगड़े घोड़ों पर।

***

कामयाबी

जीवनपर्यंत कामयाबी से निवेश करने के लिए किसी समताप मंडलीय बुद्धि, असाधारण कारोबारी जानकारी या अंदरूनी जानकारी की जरूरत नहीं होती। जरूरी यह है कि एक ठोस बौद्धिक ढाँचा हो, जहाँ फैसले लिये जाएँ और जहाँ भावनाओं के उस ढाँचे को कमजोर होने से रोकने की क्षमता हो। यह पुस्तक (दि इंटेलिजेंट इन्वेस्टर) संक्षेप में और स्पष्ट तौर पर एक सही ढाँचा सुझाती है। आपको भावनात्मक अनुशासन रखना होगा।

***

सुझाव

कुछ लोग हमारे तरीके को पूरी तरह सनकी समझ सकते हैं। चार्ली और मैंने लंबे समय से डेविड ओगिल्वी के सुझाव को माना है—

जब आप युवा हैं, तब अपनी सनक को उभारिए। इस प्रकार, जब आप बूढ़े होंगे तब लोग यह नहीं सोचेंगे कि आप सठिया गए हैं।

❋ ❋ ❋

लहर

100 मीटर तेज तैरने के लिए बेहतर है कि हाथ मारने की बजाय आप लहर के साथ तैरें।

❋ ❋ ❋

शुरुआत

टॉम मरफी ने अल्बानी में एक कंगाल टी.वी. स्टेशन को चलाने से शुरुआत इतनी कंजूसी से की कि उसने बिल्डिंग के सिर्फ उसी तरफ पेंट करवाया, जो सड़क के सामने थी।

❋ ❋ ❋

अंतिम इच्छा

मेरी मौत के तुरंत बाद बर्कशायर हैथवे की कमाई 10 लाख डॉलर बढ़ जाएगी; क्योंकि चार्ली कॉरपोरेट जेट को अगले ही दिन बेच देगा, मेरी अंतिम इच्छा को नजरअंदाज करते हुए कि मुझे बिना बचाव के दफना दिया जाए।

❋ ❋ ❋

मूल्य

मूल्य वह है, जो आपको मिलता है।

❋ ❋ ❋

मोल

कारोबार का मोल लगाएँ तो एक हिस्सा कला है और एक विज्ञान।

❋ ❋ ❋

बेन ग्राहम

वाटर लिपमैन कहते थे—कुछ लोग पेड़ लगाएँगे, जिनके नीचे दूसरे लोग बैठेंगे। बेन ग्राहम ऐसे ही इनसान थे।

***

शेयर

हमने सही में कुछ और शेयर (कॉस्टको के शेयर) खरीदने की बात की थी। मैंने वही गलत किया, जो मैं अकसर करता हूँ। हमने उन्हें खरीदना शुरू कर दिया और दाम बढ़ गए—और इस पर ध्यान देने की बजाय हम खरीदते चले गए। अगर कॉस्टको प्रति शेयर 15 डॉलर पर था, जब हमने खरीदना शुरू किया तो हम कई और खरीद सकते थे। लेकिन यह बढ़कर 15.125 डॉलर पर पहुँच गया और 15.125 डॉलर कौन देता, जब वह 15 डॉलर में मिल रहा था। वैसे यह उतना बुरा भी नहीं था। लेकिन मैंने यह गलती कई बार की है और यह बहुत चिढ़ पैदा करने वाला होता है। (मार्च 2012 में कॉस्टको का मूल्य प्रति शेयर 88.30 डॉलर है।)

***

अनिश्चित

हम हमेशा से एक अनिश्चित दुनिया में रहते हैं। यहाँ निश्चित यह है कि संयुक्त राज्य अमेरिका समय के साथ आगे बढ़ता जाएगा।

***

निवेशक

हम समझते हैं कि सक्रिय कारोबार करनेवाली कंपनियों में ये नाम निवेशक कुछ ऐसा ही है जैसे लगातार एक रात के लिए संबंध बनानेवाले को रोमांटिक कहा जाए।

***

तलाश

हम प्रत्येक क्षेत्र में बड़ा निवेश करने के तरीके की तलाश में लगातार जुटे रहते हैं। लेकिन हम छोटे-छोटे दायित्वों को नजरअंदाज करते हैं। अगर कोई काम करने के लायक नहीं है तो यह अच्छे तरीके से किया ही नहीं जा सकता।

❊ ❊ ❊

प्रतिभूति

हम ज्यादातर निवेश के मुकाबले विभिन्न प्रकार के निवेश कम करते हैं। हम अपने कुल मूल्य का 40 प्रतिशत एक अकेली प्रतिभूति में निवेश कर सकते हैं, बशर्ते इसकी अत्यधिक संभावना हो कि हमारे तथ्य एवं हमारा तर्क सही हो और इसकी संभावना काफी कम हो, जिससे निवेश के अंदरूनी मूल्य अचानक बदल जाएँ।

❊ ❊ ❊

गतिविधि

शेयर बाजार, ब्याज की दर या कारोबारी गतिविधि एक साल बाद क्या होगी, इस बारे में हम कभी कोई राय न देते हैं, न दिया है और न भविष्य में देंगे।

❊ ❊ ❊

बड़ी स्थिति

हम उन चीजों में नहीं घुसते, जो हमें पता न हों। हम बहुत कम चीजें खरीदते हैं, लेकिन हम बहुत बड़ी स्थिति खरीदते हैं। आप जो खरीदें, उसे जानें, ज्यादा खरीदें और कुछ को अपने पास रखें।

❊ ❊ ❊

इंतजार

हमें कारोबार के लिए पैसे नहीं मिलते, सही होने के लिए मिलते

हैं। और हम कब तक इंतजार करेंगे। हम अनंत काल तक इंतजार करेंगे।

❋ ❋ ❋

व्यस्त

हमें व्यस्त रहने के पैसे नहीं मिलते, हम सही होने के पैसे पाते हैं।

❋ ❋ ❋

प्रक्रिया

हम प्रक्रिया का नतीजों से ज्यादा आनंद लेते हैं।

❋ ❋ ❋

अमीर

हमें एक नए कुत्ते को पुरानी ट्रिक सिखाने में ज्यादा मुश्किल आती है। लेकिन हमें उन लोगों के साथ ज्यादा मुश्किल नहीं आती है, जो हर साल गेंद को मारकर पार्क से बाहर करते जाते हैं। इसके बावजूद कि वे अमीर हैं, वे जो करते हैं, उसका आनंद लेते हैं। और हमारे प्रबंधकों को कुछ नहीं होता। हम उन्हें अमरत्व प्रदान करते हैं।

❋ ❋ ❋

सावधानी

हमने अपनी कंपनी और कामों को सावधानी से बनाया है, ताकि हम जिन लोगों को पसंद करते हैं, उनके साथ काम का आनंद ले सकें। उतना ही महत्त्वपूर्ण है कि हमें कुछ उबाने या दुखी करनेवाले काम जबरन करने पड़ते हैं।

❋ ❋ ❋

आदत

हम इस आदत को आगे बढ़ाना चाहते हैं कि हम उन्हीं लोगों के साथ काम करें, जिन्हें हम पसंद करते हैं और जिनकी प्रशंसा करते हैं।

इस नीति से हमारे नतीजों के अच्छे होने की संभावना न सिर्फ अत्यधिक बढ़ जाती है, बल्कि इससे एक अद्‌भुत व अच्छा समय आना भी तय हो जाता है। इसके विपरीत, उन लोगों के साथ काम करना, जो आपका जीना मुश्किल कर देते हैं, कुछ ऐसा ही है जैसे पैसों के लिए शादी की जाए, जो शायद किसी भी परिस्थिति में सही उपाय नहीं है। लेकिन यह पूरी तरह पागलपन है, अगर आप पहले से ही अमीर हैं।

* * *

बेहतरीन

हम सिर्फ कुछ बेहतरीन कंपनियों पर अपनी नजर रखते हैं।

* * *

बेचना

हम बिजनेस खरीदना चाहते हैं, लेकिन हम उन्हें बेचना नहीं चाहते।

* * *

स्वायत्तता

हम अपने कारोबार में न सिर्फ अद्‌भुत स्वायत्तता को बढ़ावा देते हैं, बल्कि हम उस पर भरोसा भी करते हैं।

* * *

कर्ज

हम कभी-कभार ही ज्यादा कर्ज इस्तेमाल करते हैं और जब करते हैं, हमारी कोशिश होती है कि हम इसे लंबी अवधि के स्थिर ब्याज दर पर लें। हम निवेश के बेहतर अवसरों को खारिज कर देंगे, बजाय इसके कि हम अपनी बैलेंस शीट पर दबाव बढ़ा दें।

* * *

संपत्ति

हम अपने (बीमा) निर्गम को एक महत्त्वपूर्ण संपत्ति के रूप में देखते हैं।

❋ ❋ ❋

आज जिन लोगों के पास नकद के बराबर की संपत्ति है, वे निश्चिंत महसूस करते हैं। उन्हें ऐसा नहीं करना चाहिए। उन्होंने एक खतरनाक लंबी अवधि की संपत्ति को चुना है—वह, जो कुछ भी अदा नहीं करता और जिसके मूल्य में कमी आना निश्चित है।

❋ ❋ ❋

विपणन

हम अपनी विपणन इक्विटी प्रतिभूतियों को उसी प्रकार चुनते हैं, जिस प्रकार एक बिजनेस का अधिग्रहण करने से पहले उसका पूरी तरह मूल्यांकन करते हैं। हम चाहते हैं कि वह बिजनेस ऐसा हो, जिसे (ए) हम समझते हैं, (बी) जिसमें लंबी अवधि की अनुकूल संभावना हो, (सी) ईमानदार व सक्षम लोगों द्वारा चलाया जा रहा हो और (डी) एक बेहद आकर्षक मूल्य पर उपलब्ध हो।

❋ ❋ ❋

साधारणतया

हम साधारणतया भयभीत रहते हैं, जब दूसरे लालची हो जाते हैं और तभी लालच करते हैं, जब दूसरे डरे हुए होते हैं।

❋ ❋ ❋

विविधीकरण

हम समझते हैं कि विविधीकरण, जैसा कि प्रयोग में है, उन लोगों के लिए किसी मतलब का नहीं, जिन्हें पता है कि वे क्या कर रहे हैं। विविधीकरण अज्ञानता को ढकने का काम करता है।

❋ ❋ ❋

सच

हम ऐसे मैनेजर चाहते हैं, जो सच बताएँ और स्वयं से भी सच बोलें, जो ज्यादा जरूरी है।

* * *

नीयत

हम ऐसे लोग चाहते हैं, जो खुद को कारोबार का मालिक समझें और कंपनियों में इस नीयत से निवेश करें कि वे उनके साथ लंबे समय तक बने रहेंगे। और हम उन लोगों को पसंद करते हैं, जो अपनी नजरें कारोबार के नतीजों पर जमाए रखते हैं, न कि बाजार के मूल्यों पर।

* * *

भविष्यवाणी

हम राजनीतिक व आर्थिक भविष्यवाणियों को अनदेखा करते रहेंगे, जो कई निवेशकों और कारोबारियों के लिए महँगे विकर्षण साबित होते हैं। 30 वर्ष पहले किसी ने वियतनाम की लड़ाई का भयानक विस्तार, वेतन और मूल्य-नियंत्रण, दो तेल संकट, एक राष्ट्रपति का इस्तीफा, सोवियत संघ का विघटन, एक दिन में डॉव में 508 अंक की गिरावट या ट्रेजरी बिल की आमदनी में 2.8 से 17.4 प्रतिशत के उतार-चढ़ाव की भविष्यवाणी नहीं की होगी। सोचिए, अगर इस अनहोनी के डर से हमने अपनी पूँजी का निवेश रोक दिया होता तो क्या होता? फिर भी, हमने आम तौर पर अपनी सबसे अच्छी खरीदारी की है, जब किसी बड़ी घटना का डर चरम पर था। डर मनमौजी आदमी का दुश्मन है, लेकिन रूढ़िवादियों का दोस्त है।

* * *

इंतजार

हम उस सोच के साथ ही रहेंगे, जिसने हमें यहाँ तक पहुँचाया है और अपने मानदंडों को ढीला करने की कोशिश नहीं करेंगे। टेड विलियम्स ने 'द स्टोरी ऑफ माइ लाइफ' में बताया है कि क्यों मेरे तर्क अच्छे हिटर बनने के होते हैं। आपको हिट करने के लिए एक अच्छी बॉल चाहिए। यह पुस्तक का पहला नियम है। अगर मुझे उस चीज से संतोष करना होता है, जो मेरे हैप्पी जोन से बाहर है, तो मैं एक 344 हिटर नहीं हूँ। मैं 250 हिटर हो सकता हूँ। चार्ली और मैं इससे सहमत हैं और हम उन अवसरों का इंतजार करेंगे, जो हमारे हैप्पी जोन के अंदर होंगे।

* * *

बिजनेस

हम स्टील बिजनेस में नहीं हैं। कहें तो हम जूते के बिजनेस में भी नहीं हैं। कहें तो हम अपने बिजनेस में भी नहीं हैं। हम बीमा में बहुत बड़े हैं, लेकिन हम इसके प्रति निष्ठावान् नहीं हैं। हमारी सोच ऐसी नहीं है, जो कहे कि आपको इसी रास्ते पर चलना है। लिहाजा, हम यहाँ से पूँजी लेते हैं और इसे उन कारोबारों में लगाते हैं, जिनका कोई मतलब है।

* * *

मंदी

हम अभी भी मंदी में हैं। हम इससे कुछ समय तक बाहर नहीं निकल पाएँगे, लेकिन हम इससे बाहर जरूर निकलेंगे।

* * *

प्रोत्साहन

हमने कई बुलेट इस्तेमाल कर लिये हैं और हम प्रोत्साहन की बात

करते हैं। लेकिन सच यह है कि हमें जी.डी.पी. के 9 प्रतिशत का घाटा हो रहा है। यह प्रोत्साहन ही है कि हम इससे बाहर निकलें। यह किसी भी नीति से ज्यादा प्रोत्साहित करनेवाला है, जिन्हें हमने दूसरे विश्‍व युद्ध के बाद अपनाया है।

* * *

दुर्भाग्य

इससे ज्यादा हर्षित करनेवाला और क्या हो सकता है कि ऐसे तेजड़ियों के बाजार में हिस्सा लिया जाए, जहाँ बिजनेस के मालिकों का इनाम महाप्रतापी तौर से कारोबारों के अथक प्रदर्शन से अलग हो जाता है। दुर्भाग्य है कि शेयर बिजनेस को ज्यादा दिनों तक मात नहीं दे सकते।

* * *

गूँगा

ज्यादातर निवेश करनेवाले लोगों के लिए यह मायने नहीं रखता कि वे कितना जानते हैं; बल्कि यह कि वे कितने तर्कसंगत तरीके से यह बताते हैं कि वे क्या नहीं जानते हैं। विडंबनात्मक रूप से जब गूँगा पैसा अपनी हद बता देता है तो वह गूँगा नहीं रह जाता।

* * *

क्षमता

हम जो करते हैं, वह किसी और की क्षमता से परे नहीं है। यह कतई जरूरी नहीं कि असाधारण नतीजों के लिए असाधारण काम किए जाएँ।

* * *

कारोबार

बिजनेस को बेहतरीन तरीके से चलाने की ख्यातिवाला प्रबंधन

मौलिक रूप से खराब अर्थव्यवस्था के लिए बदनाम कारोबार को चलाता है तो उस कारोबार की ख्याति है, जो अक्षुण्ण रह जाती है।

❋ ❋ ❋

दिलचस्प

अगर आप अज्ञानता और लाभ उठाने को मिला दें तो कुछ दिलचस्प नतीजे आपके सामने आते हैं।

❋ ❋ ❋

समूह

जब आप निवेश करते हैं, आपको कुछ जोखिम उठाना ही पड़ता है। भविष्य हमेशा अनिश्चित रहता है। मैं समझता हूँ कि शेयरों का यह समूह कई वर्षों तक अच्छा करेगा। उनमें से कुछ अच्छा नहीं करेंगे, लेकिन एक समूह के तौर पर वे अच्छा करेंगे। मैं उन्हें आखिर में कई वर्षों तक अपने साथ रख लेता हूँ।

❋ ❋ ❋

विविधीकरण

व्यापक विविधीकरण की आवश्यकता तभी पड़ती है, जब निवेशकों को समझ में नहीं आता कि वे क्या कर रहे हैं।

❋ ❋ ❋

जानकारी

पर्याप्त अंदरूनी जानकारी और 10 लाख डॉलर के साथ आप एक साल में कंगाल हो सकते हैं।

❋ ❋ ❋

अद्‌भुत

क्या आप यकीन करेंगे कि कुछ दशक पहले वे कोक में झींगा मछली पैदा करते थे और जिलेट में तेल की खोज कर रहे थे? केंद्रित ध्यान का अभाव चार्ली और मुझे तब सबसे ज्यादा परेशान करता है, जब हम उन कारोबारों में निवेश करने की तैयारी करते हैं, जो सामान्य तौर पर अद्‌भुत दिखते हैं।

***

निश्चय

चेक काटने के बाद दृढ़ निश्चय बातचीत से अलग हो जाता है।

***

असहमत

आप इस बात से सही या गलत नहीं हो जाते कि ज्यादातर लोग आपसे असहमत हैं।

***

उपलब्धि

आप सद्‌भावना और इस परिशोधन की चिंता किए बगैर एक पूरी और उपलब्धियों से भरी जिंदगी गुजार सकते हैं। लेकिन निवेश के छात्रों और प्रबंधकों को इस विषय की बारीकियों को समझना चाहिए। मेरी अपनी सोच 35 साल पहले की सोच से एकदम बदल गई है, जब मुझे मूर्त संपत्ति की परवाह करने की बात सिखाई जाती थी और उन कारोबार को छोड़ने को कहा जाता था, जो ज्यादातर आर्थिक सद्‌भावना पर टिके हैं। इस पक्षपात की वजह से मुझसे कई महत्त्वपूर्ण कारोबारी फैसलों में गलती हुई। हालाँकि यह चूक ज्यादा थी, गलतियाँ फिर भी कम ही हुईं। केन्स ने मेरी गलती को समझ लिया—मुश्किल नए उपायों

में नहीं है, बल्कि पुराने से बचने की है। मेरे बच निकलने में काफी देर हुई, कुछ हद तक तो इस वजह से कि मुझे उसी टीचर ने जो कुछ पढ़ाया था, वह मेरे लिए हमेशा से रहा है और आज भी उतना ही महत्त्वपूर्ण है। अंततः कारोबारी अनुभव ने, प्रत्यक्ष या प्रतिनिधि के रूप में, मेरे अंदर ऐसे कारोबार के लिए एक मजबूत चाहत पैदा की, जिसमें सद्भाव की भरपूर गुंजाइश है और जो मूर्त संपत्ति का कम-से-कम इस्तेमाल करता है।

***

स्वतंत्र

आप अच्छा निवेश तब तक नहीं कर सकते, जब तक कि आप स्वतंत्र रूप से नहीं सोचते। और सत्य यह है कि अगर लोग आपसे असहमत हैं तो आप गलत या सही नहीं होते। आप सही हैं, क्योंकि आपके तथ्य और तर्क सही हैं। अंत में यही मायने रखता है।

***

अवसर

आप तब कुछ करते हैं, जब अवसर आते हैं। मेरे जीवन में ऐसे दौर आए हैं, जब मुझे ढेरों विचार आए और फिर मुझे लंबे शुष्क दौर से गुजरना पड़ा। अगर मुझे एक विचार अगले हफ्ते आएगा तो मैं जरूर कुछ करूँगा, नहीं तो मैं कुछ भी नहीं करूँगा।

***

हर चीज

आपको हर चीज के बारे में नहीं सोचना है। वे आइजक न्यूटन थे, जिन्होंने कहा था कि दुनिया में दूसरे जितना देखते हैं, मैंने उससे कुछ ज्यादा देखा है; क्योंकि मैं दैत्यों के कंधे पर खड़ा हूँ। दूसरे लोगों के

कंधे पर खड़े होने में कोई बुरी बात नहीं है।

***

पैसा

आपको उन चीजों के बारे में सोचना है, जो पहले कभी हुई नहीं हैं। आप हमेशा अपने पास ढेरों पैसा चाहते हैं।

***

आपको कुछ करने के पैसे नहीं दिए जाते। आपको सिर्फ सही होने के पैसे दिए जाते हैं।

***

अच्छे विचार

आपको अपने लिए सोचना है। यह मुझे हमेशा आश्चर्यचकित करता है कि कैसे अच्छी बुद्धिवाले लोग भी नकल करते हैं। मुझे दूसरे लोगों से बात कर कभी अच्छे विचार नहीं मिले।

***

अनिश्चितता

आप जानते हैं, आपने लोगों को इसके बारे में अनेक बार बोलते सुना है। आप जानते हैं, हर समय एक अनिश्चितता होती है। मेरा मतलब है, वर्ष 2007 में अनिश्चितता थी। हमें पता नहीं था कि यह अनिश्चित है। 10 सितंबर, 2001 को भी यह अनिश्चित था। 18 अक्तूबर, 1987 को भी यह अनिश्चित था। बस, आपको पता नहीं था।

***

सही चीजें

आपको जीवन में सिर्फ कुछ चीजें सही करनी हैं, जब तक कि आप बहुत ज्यादा गलतियाँ नहीं कर देते।

***

कारोबार

आपको उस कारोबार में निवेश करना चाहिए, जिसे एक मूर्ख भी चला सकता हो; क्योंकि एक-न-एक दिन कोई मूर्ख उसे जरूर चलाएगा।

❋ ❋ ❋

लक्ष्य

एक निवेशक के तौर पर आपका लक्ष्य साधारण तौर पर एक तर्कसंगत कीमत पर सिर्फ खरीदने का होना चाहिए, साथ ही उस बिजनेस में यह बात आसानी से समझ में आ जाए कि उसकी आमदनी पैसों के हिसाब से आनेवाले पाँच, दस या बीस साल में ज्यादा होने वाली हो। आनेवाले समय में आप कुछ ही कंपनियाँ देखेंगे, जो इन मापदंडों को पूरी करती हों तो आपको जब उस पर खरा उतरनेवाली कंपनी मिले तो उसके शेयर तर्कसंगत मात्रा में खरीद लें।

❋ ❋ ❋

उत्पादन

आपके प्रीमियम ब्रांड को कुछ खास उत्पादन जरूर करना चाहिए, नहीं तो उसे व्यापार नहीं मिलेगा।

❋ ❋ ❋

एकदम

यह ठोस सच्चाई है कि पैसा एकदम से नहीं आता और एकदम से नहीं जाता। आपके पास एक समय-सीमा होती है, जिसमें आपको अपने निवेश को लेकर फैसला लेना होता है। यदि आपका निवेश ईमानदारी से किया हुआ है तो निश्चित रूप से आप आज नहीं तो कल, फायदे में जरूर होंगे।

❋ ❋ ❋

जिंदगी

आज मेरे पास वह सबकुछ है, जो कि मैं अपनी जिंदगी में चाहता था। 20 साल की उम्र में मेरे पास अपने लिए कुछ ज्यादा वक्त था और मैं जो चाहता था, करता था। वर्तमान को देखें तो मुझमें कुछ खास नहीं बदला है। मैं वही चीजें खाता हूँ, जो पहले खाता था—वही बर्गर, फ्राइज और कोक। पर मुझे लगता है कि मेरे कपड़े कुछ ज्यादा महँगे हो गए हैं और मैं उनमें पहले से ज्यादा अच्छा नहीं लगता।

***

समाज

मैं व्यक्तिगत रूप से सोचता हूँ कि हम जो कुछ कमाते हैं, वह बहुत हद तक हमारे समाज के कारण होता है। मैंने भी जो कमाया है, उसमें समाज की बड़ी हिस्सेदारी है। यदि आज मुझे पेरू या बँगलादेश के किसी कोने में पटक दें तो मैं कुछ नहीं कर पाऊँगा; क्योंकि मैं एक गलत जगह पर नहीं पनप सकता। मैं एक ऐसे बाजार में काम करता हूँ, जहाँ आप अच्छा करते हैं, तभी आपको अच्छा फायदा मिलता है—और यह माइक टायसन के 10 सेकंड में 1 कारोड़ डॉलर कमाने जैसा बिलकुल नहीं है।

***

रिटर्न

मुझे अपने अमीर होने पर कोई समस्या नहीं है। मुझे लगता है कि मेरा पैसा समाज को कुछ अच्छा रिटर्न दे रहा है। ऐसा नहीं है कि मैं कागज के इन टुकड़ों का उपयोग नहीं कर सकता। यदि मैं चाहूँ तो 10,000 लोगों को सिर्फ इस काम के लिए नौकरी पर रख सकता हूँ कि

वे जिंदगी भर सुबह-शाम मेरी तसवीरें बनाएँ। लेकिन इससे समाज को कोई फायदा नहीं होगा। यदि यही 10,000 लोग एड्स के उपचार के काम आएँ या रोगियों की सेवा करें तो वाकई कुछ बड़ा और अच्छा नतीजा निकलेगा।

***

निवेश

क्रेडिट कार्ड की मानसिकता से दूर रहें और अपने आप पर ही निवेश करें।

***

निर्माण

संपत्ति ने मनुष्य का निर्माण नहीं किया है, बल्कि मनुष्य ने संपत्ति ईजाद की है।

***

कोशिश

अपनी जिंदगी को जितनी सहजता और सरलता से जी सको, जीने की कोशिश करो।

***

वृद्धि

पैसा कमाने में मुझे आनंद आता है और उसमें वृद्धि होते हुए देखकर खुशी महसूस होती है।

***

संचालक

नाई की दुकान के संचालक हमसे हमेशा नई मशीन लगाने की माँग करते थे और हम हमेशा उन्हें आश्वासन देते थे कि हम लोग इसके बारे में उच्च अधिकारी को बताएँगे। हम ऐसा दिखावा करते थे, मानो

हम वेतनभोगी कर्मचारी थे और हमारा काम मशीन मुहैया कराना तथा पैसों की गिनती करना था।

***

संकोच

लड़कियों की उपस्थिति में मेरी तरह कोई और शरमाता नहीं था। शायद मुझे लगातार बातें करने में संकोच होता था

***

भुगतान

मैं डेल कारनेगी की शरण में इसलिए गया, क्योंकि मैं जानता था कि सामाजिक रूप से घुलने-मिलने में मुझे परेशानी होती थी। मैंने जाकर चेक दे दिया; मगर फिर मैंने भुगतान बंद कर दिया, क्योंकि मेरा विचार बदल गया था।

***

परेशानी

मुझे सबके सामने बोलने में परेशानी होती थी। आप यकीन नहीं करेंगे कि भाषण देने की बारी आने पर मेरी कैसी हालत होती थी। मैं इतना घबरा जाता था कि कुछ भी बोल नहीं पाता था। मैं वहाँ से भागना पसंद करता था।

***

पाठ्यक्रम

वास्तव में मैंने अपनी जिंदगी का ताना-बाना इस तरह तैयार किया है कि मुझे दूसरों के सामने बोलने की जरूरत नहीं पड़ी है। जब स्नातक की पढ़ाई पूरी कर मैं ओमाहा लौटा तो मैंने एक विज्ञापन देखा। मैं जानता था कि कभी-न-कभी मुझे लोगों के बीच खड़े होकर बोलना ही पड़ेगा। इस डर से मैं बुरी तरह हिला हुआ था और इस घबराहट से

छुटकारा पाने के लिए मैंने बोलने की कला सिखानेवाले पाठ्यक्रम में दाखिला ले लिया।

***

इरादा

मैं अपने साथ रकम लेकर गया था, जो मैंने इंस्ट्रक्टर पाली किनान को दे दी थी और कहा था—इससे पहले कि मेरा इरादा बदल जाए, तुम यह अपने पास रख लो।

***

बातचीत

वहाँ तकरीबन 25–30 विद्यार्थी थे। हम सभी घबराए हुए थे। हम ठीक से अपने नाम का उच्चारण भी नहीं कर पा रहे थे। हम सभी वहाँ खड़े हो जाते थे, मगर एक–दूसरे से बातचीत नहीं कर पाते थे।

***

शिक्षक

दूसरी तरफ एक बात से मैं काफी प्रभावित हुआ, जब मैंने देखा कि पाली किनान को वहाँ मौजूद सारे लोगों के नाम याद थे और वह हमें आसानी से हमारे नाम से पुकारता था। वह एक अच्छा शिक्षक था और हमें याददाश्त तेज करने के गुर सिखाता था। मगर मैं वैसे गुरों को सीख नहीं पाया।

***

प्रेरणा

हमें की नोट भाषण, चुनावी भाषण, लेफ्टिनेंट गवर्नर के भाषण आदि की प्रतियाँ रटने के लिए दी जाती थीं और हमेशा अपेक्षा की जाती थी कि हर हफ्ते हम उन भाषणों को दोहरा पाएँगे। उनके जरिए झिझक

मिटाने की प्रेरणा दी जाती थी।

***

अभ्यास

जब आप एक व्यक्ति के साथ बेहिचक बातें करने में परेशानी महसूस नहीं करते, तब एक समूह के सामने आपकी बोलती कैसे बंद हो जाती है? वे हमें मनोवैज्ञानिक तरकीबें सिखाकर अपने डर पर काबू पाना सिखाते थे। उनमें से कुछ तरकीबें अभ्यास की तरह थीं।

***

पाठ्यक्रम

हम झिझक दूर करने के लिए एक-दूसरे की मदद कर रहे थे। इसका काफी प्रभाव पड़ा और इस पाठ्यक्रम को मैंने पूरा कर लिया।

***

रफ्तार

मैं बिखरा हुआ था। मुझे अजीब महसूस हो रहा था। मैं सामाजिक रूप से घुल-मिल नहीं पाता था। इसके अलावा, जीवन में अभी तक मैंने रफ्तार का अनुभव नहीं किया था।

***

उलझा

मैं उलझा हुआ था। कमाल की बात यह है कि सुसी ने मेरे हालात को समझ लिया था।

***

महसूस

वह मुझसे जो भी करने के लिए कहती, मैं वही करने के लिए तैयार था। मैं अपनी पीठ के इर्द-गिर्द उसकी गरम बाँहों का स्पर्श महसूस करना चाहता था।

***

इनसान

तुम मुझे बताओ कि तुम्हारे लिए आदर्श व्यक्ति कौन है और मैं तुम्हें बताऊँगा कि तुम किस तरह के इनसान हो।

❋ ❋ ❋

आदत

शुरू-शुरू में आदत की जंजीर का स्पर्श हलका महसूस होता है और बाद में इस कदर सख्त हो जाता है कि उससे मुक्त हो पाना कठिन हो जाता है।

❋ ❋ ❋

तीन कार्य

सक्रिय निवेशक को प्रतिदिन तीन कार्य करने चाहिए—अध्ययन, शोध और चिंतन।

❋ ❋ ❋

क्या है

जान लीजिए कि आपके पास क्या है।

❋ ❋ ❋

अनुसंधान

निवेश से पहले अनुसंधान कीजिए।

❋ ❋ ❋

व्यापार

व्यापार के स्वामी बनिए, शेयर के नहीं।

❋ ❋ ❋

निवेश

जीवन भर के लिए कुल 20 निवेश कीजिए।

❋ ❋ ❋

स्वामी

शेयर खरीदते समय लंबे समय तक उसका स्वामी बनने का निश्चय कीजिए।

* * *

ध्यान

अगर आप किसी कंपनी को खरीदते हैं तो उस समय जिन बातों का आप ध्यान रखेंगे, उन्हीं बातों का ध्यान शेयर खरीदते समय भी रखना चाहिए।

* * *

कोशिश

हमेशा किसी अनूठे व्यापार या स्टॉक को कम कीमत पर खरीदने की कोशिश करनी चाहिए।

* * *

सफलता

निवेशक को सफलता हासिल करने के लिए अपनी साख बनानी चाहिए।

* * *

भविष्य

भविष्य कभी आजाद स्पष्ट नहीं होता। किसी तरह की उथल-पुथल के बदले आपको शेयर बाजार में ऊँची कीमत चुकानी पड़ती है। दूसरी तरफ, दीर्घकाल के लिए मूल्य-आधारित निवेश करनेवालों के लिए अनिश्चितता एक मित्र की तरह होती है।

* * *

आजाद

...इनमें से कई प्रबंधकों ने बचपन में उस राजकुमार का किस्सा

सुना था, जो पिंजरे में तोता बनकर कैद था और जिसे राजकुमारी ने चुंबन देकर फिर से राजकुमार बनाते हुए पिंजरे से आजाद कर दिया था। इसी तरह ये प्रबंधक सोचते हैं कि इनके जादुई चुंबन से कोई भी कंपनी मुनाफा अर्जित करने लगेगी।…हमने ऐसे कई चुंबनों को देखा है, मगर चमत्कार होते हुए कभी नहीं देखा है।

***

मूर्खता

छोटी-छोटी प्रबंधकीय मूर्खताओं के एकत्रीकरण से एक बड़ी मूर्खता पैदा हो सकती है, कोई अन्य चमत्कार पैदा नहीं हो सकता।

***

सहारा

बंदूक की नोक पर थोड़ा धन लूटने की तुलना में कलम की नोक का सहारा लेकर भारी-भरकम रकम लूटना अधिक सुरक्षित होता है।

***

जिम्मेदारी

जनता के धन के कारण प्रबंधकों के ऊपर काफी जिम्मेदारी होती है।

***

आलोचना

कई कॉरपोरेट मैनेजर सरकार की इस बात के लिए आलोचना करते हैं कि वह करदाताओं के पैसे का मनमाने तरीके से इस्तेमाल करती है; लेकिन वे खुद अपने गिरेबाँ में झाँककर नहीं देखते कि वे किस तरह शेयरधारकों के पैसे का मनमाने तरीके से इस्तेमाल करते हैं।

***

अनुभव

बहुत पहले मार्क ट्वेन ने कहा था कि अगर कोई व्यक्ति अपने घर में बिल्ली की पूँछ पकड़ना चाहता है तो ऐसा अनुभव पूँछ को पकड़े बगैर उठाया नहीं जा सकता।

❋ ❋ ❋

कदम

जब भी कोई समस्या पैदा होती है, भले ही वह निजी जिंदगी में हो या व्यवसाय में, तुरंत कदम उठाना जरूरी होता है।

❋ ❋ ❋

महत्त्वपूर्ण

जो तुम्हारे लिए महत्त्वपूर्ण नहीं है, उसके लिए उसे जोखिम में मत डालो, जो तुम्हारे लिए महत्त्वपूर्ण है।

❋ ❋ ❋

जिक्र

नियमित रूप से इन समस्याओं का जिक्र करने की दूसरी वजह यह है कि हमारे अनुभव प्रबंधकों, ऑडिटरों और रेगुलेटरों के लिए उपयोगी साबित हो सकते हैं।

❋ ❋ ❋

जानकारी

इसे देखो, मैंने इसे किस तरह तैयार किया है। इन कंपनियों को जीतने में भरोसा है। अगर तुम इंटरनेट पर जाकर कोरियाई स्टॉक एक्सचेंज में इन कंपनियों की जानकारी का पता लगाओगे तो देखोगे कि वहाँ टिकट सिंबल की जगह नंबरों का इस्तेमाल किया जाता है और अगर चुनिंदा स्टॉक न हो तो नंबर के अंत में शून्य होता है। हर रात तुम इस तरह के ब्योरे देख सकते हो।

❋ ❋ ❋

विशेष

मैं तुम्हें पाँच ब्रोकरेज फर्मों के नाम बता सकता हूँ, जो सबसे बड़ी खरीदार हैं और पाँच ऐसी ब्रोकरेज फर्में, जो सबसे बड़ी विक्रेता हैं। तुम्हें कोरिया के एक बैंक में विशेष खाता खोलना होगा। ऐसा करना आसान नहीं होगा। मैं इस प्रक्रिया को सीखने की कोशिश कर रहा हूँ। यह मेरे लिए एक नई लड़की से दोस्ती करने की तरह है।

***

तुलना

ये अच्छी कंपनियाँ हैं और अभी तक सस्ती भी हैं। स्टॉक पाँच साल की तुलना में सस्ते हैं, जबकि इनका कारोबार भरोसे के काबिल बना हुआ है। इनमें से आधी कंपनियों के नाम सुनने पर पोर्न फिल्मों के नाम जैसे लगते हैं।

***

उपस्थिति

ये कंपनियाँ बुनियादी चीजें बनाती हैं; जैसे, स्टील, सीमेंट, आटा और बिजली। ऐसी चीजों को लोग अगले दस वर्षों तक भी खरीदते रह सकते हैं। इन कंपनियों की कोरिया के बाजार में अच्छी-खासी उपस्थिति है, जो बदलने वाली नहीं है और इनमें से कुछ कंपनियाँ चीन व जापान को भी अपने उत्पाद बेच रही हैं। अभी तक कुछ वजहों से इन कंपनियों को प्रसिद्धि नहीं मिली है। मैं विदेशी मुद्रा का विशेषज्ञ नहीं हूँ, मगर मैं इन शेयरों को खरीदना लाभ का सौदा समझता हूँ।

***

युद्ध

असली खतरा, जिसके चलते ये स्टॉक सस्ते हैं, उत्तरी कोरिया है।

अगर उत्तरी कोरिया दक्षिणी कोरिया पर हमला कर देता है तो पूरी दुनिया तबाह हो सकती है। चीन, जापान और तमाम एशियाई देश युद्ध की आग में कूद सकते हैं। इसके नतीजे की कल्पना भी नहीं की जा सकती।

❋❋❋

जोखिम

उत्तरी कोरिया परमाणु हथियार बनाने में सक्षम होता दिख रहा है। मैं इसे दुनिया का सर्वाधिक खतरनाक देश मानता हूँ। इसके बावजूद मैं जोखिम उठाने के लिए तैयार हूँ; क्योंकि मैं जानता हूँ कि चीन और जापान युद्ध की तबाही को रोकने में सफल होंगे।

❋❋❋

प्रदर्शन

जब तुम निवेश करते हो तब तुम्हें कुछ खतरा उठाना ही पड़ता है। भविष्य हमेशा अनिश्चित होता है। मुझे लगता है कि अगले कुछ वर्षों तक इन शेयरों का प्रदर्शन बेहतर रहेगा और मैं कई वर्षों तक इन्हें अपने पास रखने के लिए तैयार हूँ।

❋❋❋

साझेदारी

50 वर्ष पहले मैंने सात लोगों के साथ एक बैठक की थी। उन लोगों ने एक छोटी साझेदारी का प्रबंधन करने के लिए मुझे डेढ़ लाख डॉलर दिए थे। उन लोगों ने सोचा था कि उनके धन का प्रबंधन उनकी तुलना में मैं बेहतर तरीके से कर पाऊँगा।

❋❋❋

वितरण

उस घटना के 50 साल बाद एक दिन बैठकर मैंने सोचा कि मेरी तुलना में मेरे धन का वितरण कौन बेहतर तरीके से कर सकता है! यह पूरी तरह तर्कसंगत बात है। लोगों को अकसर सोचने का मौका ही नहीं मिलता। वे अकसर कहते सुने जाते हैं—मेरे पैसों का खयाल कौन रख पाएगा? ऐसे लोग अपना पैसा उन लोगों को सँभालने के लिए देते हैं, जो सँभालने की योग्यता रखते हैं। लेकिन ऐसा करते समय वे परोपकार के क्षेत्र में सक्रिय लोगों की तरफ ध्यान देना जरूरी नहीं समझते। वे अपने किसी वफादार पुराने साथी या सहयोगी को यह दायित्व देते हैं, जो उनके मरने पर उनकी दौलत का ध्यान रख सकता है; लेकिन मरने के बाद वे अपने धन को इस्तेमाल होते हुए देखने की हालत में नहीं होते।

❋ ❋ ❋

तुलना

मैं अपने आपको खुशकिस्मत समझता हूँ, क्योंकि मानव-सेवा का काम व्यापार की तुलना में कठिन है।

❋ ❋ ❋

मानव-सेवा

आपको ऐसे अहम मसलों को हल करना पड़ता है, जिन्हें अतीत में बुद्धि और धन की सहायता से हल किया जाता रहा है। इसलिए, निवेश के क्षेत्र में प्रतिभा की खोज करने की तुलना में मानव-सेवा के क्षेत्र में प्रतिभा की खोज करना अधिक महत्त्वपूर्ण होता है।

❋ ❋ ❋

सफल

मैं सचमुच खुशकिस्मत रहा हूँ। मेरा जन्म वर्ष 1930 में अमेरिका में हुआ और जन्म के साथ ही मुझे खुशकिस्मती भी मिली। मुझे बेहतरीन माता-पिता मिले, अच्छी शिक्षा मिली और मेरा पालन-पोषण इस तरह से हुआ कि उसका लाभ इस समाज से उठा पाने में मैं सफल रहा।

***

खुशकिस्मत

अगर मैं काफी पहले पैदा हुआ होता या किसी दूसरे देश में पैदा हुआ होता तो शायद मैं इतना खुशकिस्मत नहीं भी हो सकता था।

***

कौशल

बाजार व्यवस्था में पूँजी आवंटन का कौशल सीखना महत्त्वपूर्ण होता है और ऐसी योग्यता का वांछित परिणाम भी मिल जाता है।

***

संपत्ति

मैं हमेशा महसूस करता रहा कि संपत्ति एक ऐसी चीज है, जिसे समाज तक वापस पहुँचाना चाहिए। मैं वंशवादी संपत्ति में विश्वास नहीं करता, खास तौर पर जब हम 6 अरब जनता की तरफ देखते हैं, जिसे अभाव का सामना करना पड़ता है।

***

सेवा

हमें अवसर मिलता है कि उस जनता की सेवा अपने धन से कर सकें। मेरी पत्नी मेरे इस विचार से सहमत थी।

***

पेड़

पेड़ भले ही आसमान को नहीं छूते, मगर वे पौधों को विकसित होने में मदद कर सकते हैं।

❋ ❋ ❋

कामयाबी

धन-उपार्जन की दिशा में उन्होंने बचपन में ही कदम उठाया था। अगर ऐसा करने में वे दस वर्ष का विलंब कर देते तो संभवत: आज जैसी कामयाबी उन्हें नहीं भी मिल सकती थी।

❋ ❋ ❋

उद्‌देश्य

जीवन का उद्‌देश्य है कि आप जिन लोगों का प्यार हासिल करना चाहते हैं, उनमें से ज्यादातर लोगों का प्यार हासिल करना।

❋ ❋ ❋

यकीन

अपने दिल की आवाज पर यकीन करो।

❋ ❋ ❋

क्षेत्र

मैं ऐसे लोगों के साथ काम करता हूँ, जिनको मैं पसंद करता हूँ। जिस क्षेत्र में कार्य करते हुए मन नहीं लगे, वह क्षेत्र तुम्हारे लिए उचित नहीं कहलाएगा।

❋ ❋ ❋

शरीर

अपने शरीर को एक ऐसी इकलौती कार समझो, जो हमेशा के लिए तुम्हें मिली है। इस कार की देखभाल करो, रात में गैरेज में रखो,

सारे दागों को साफ रखो। हर सप्ताह इसका तेल बदलो।

❋ ❋ ❋

जिंदगी

अगर आपके पास सही तरह की बर्फ हो तो बर्फ का गोला तैयार हो सकता है—और ऐसा ही मेरे साथ भी हुआ। मैं केवल धन की अप्रत्याशित वृद्धि करना ही नहीं चाहता था, इस सफर के जरिए दुनिया को समझना चाहता था—और दोस्तों का समूह तैयार करना चाहता था। समय आने पर आपको चुनाव करना पड़ता है। यही तो जिंदगी कहलाती है।

❋ ❋ ❋

बचत

लाभ का निवेश करें। बूँद-बूँद से सागर बनता है। छोटी रकम भी बचत के जरिए बड़ी संपत्ति के रूप में तब्दील हो सकती है। अगर आप अपने मुनाफे को बचाने की आदत डालेंगे तो चक्रवृद्धि ब्याज का जादू आपको अमीर बनाता जाएगा।

❋ ❋ ❋

मौलिक सोच

लीक से हटकर चलें। अपनी मौलिक सोच विकसित करें। झुंड का हिस्सा न बनें। निवेश का कोई भी निर्णय दूसरों के कहने पर लेने की जगह अपने विवेक के आधार पर लें।

❋ ❋ ❋

दुविधा

दुविधा से बचें। जो लोग दुविधा की स्थिति में फँसे रहते हैं, वे आसानी से सुनहरे अवसर को भी गँवा बैठते हैं। निवेश का फैसला तेजी से लें और इसके लिए उपलब्ध सूचनाओं की पड़ताल करें।

❋ ❋ ❋

निर्णय

निर्णय लेने से पहले सौदे को समझ लें। कोई भी निर्णय लेने से पहले सौदे को अच्छी तरह समझ लेना चाहिए। सौदे से आपको किस तरह का फायदा हो सकता है, इस बात पर अच्छी तरह विचार कर लें। किसी भी कागज पर दस्तखत करने से पहले उसे अच्छी तरह पढ़ लें।

* * *

खर्च

छोटे खर्चों को नियंत्रित रखें। ऐसा नहीं है कि सिर्फ बड़े खर्चों का ही प्रभाव पड़ता है। छोटे खर्च भी आपके लिए नुकसानदेह साबित हो सकते हैं। कोई भी खर्च करने से पहले विचार करें कि क्या वैसा करना उचित होगा?

* * *

कर्ज

कर्ज को नियंत्रित रखें। अगर आप कर्ज और क्रेडिट कार्ड के सहारे जीने की आदत डालेंगे तो कभी अमीर नहीं बन पाएँगे। कर्ज के जरिए भले ही आप जीवन-शैली में सुधार लाने की कोशिश कर सकते हैं, मगर कर्ज के बोझ तले दबकर आप कभी अपनी वित्तीय स्थिति में सुधार नहीं ला पाएँगे।

* * *

निरंतरता

निरंतरता बनाए रखें। अगर आप समझते हैं कि जो काम आप कर रहे हैं, वह महत्त्वपूर्ण और सही है तो निरंतरता बनाए रखें। अपने लक्ष्य की दिशा में मजबूती के साथ कदम बढ़ाते रहें।

* * *

नुकसान

नुकसान से दूर रहें। किसी भी निवेश के दौरान जब आपको लगे कि नुकसान हो रहा है तो तुरंत उससे अलग हो जाने का निर्णय लें। हाथ-पर-हाथ धरे रहकर बैठने का अर्थ है—और अधिक नुकसान का सामना करना।

❋ ❋ ❋

जोखिम

जोखिम का आकलन करें। जब भी आप निवेश का कोई निर्णय लेना चाहें तो सबसे पहले भावी परिणामों के बारे में विचार करें। जोखिम का आकलन करने पर आप उचित निर्णय ले सकते हैं।

❋ ❋ ❋

सफलता

सफलता का वास्तविक अर्थ समझें। प्रत्येक व्यक्ति के लिए सफलता के मायने अलग-अलग होते हैं; मगर केवल पैसे जमा करना ही सफलता नहीं है। जिन बातों से जीवन अर्थपूर्ण बनता है, उन बातों की तरफ ध्यान देना भी सफलता का महत्त्वपूर्ण हिस्सा है। आप जिन लोगों का प्यार पाना चाहते हैं, उनमें से कितने लोग वास्तव में आपसे प्यार करते हैं, इसी बात से सच्ची सफलता का मतलब समझा जा सकता है।

❋ ❋ ❋

खुशी

खुशी भीतर से आती है। अपने कारोबारी जीवन में मुझे कभी पेशेवर और व्यक्तिगत के बीच फर्क करने की जरूरत महसूस नहीं हुई। मैं अपने कार्य में डूब जाता हूँ और ऐसा करते हुए मुझे बहुत आनंद आता है।

❋ ❋ ❋

कार्य

आप जिस कार्य को पसंद करते हैं, अगर वही कार्य करें तो आपकी उत्पादक क्षमता भी बढ़ जाएगी।

* * *

छोटी बात

छोटी बातों में भी खुशियाँ ढूँढ़ें। मैं छोटी-छोटी बातों में खुशियाँ ढूँढ़ता हूँ। मैं सप्ताह में बारह घंटे तक ऑनलाइन ब्रिज खेलता हूँ। बच्चों के साथ खेलते हुए, प्राकृतिक परिवेश में घूमते हुए, मित्रों व परिजनों से बातें करते हुए छोटी-छोटी बातों में भी खुशियों की तलाश की जा सकती है।

* * *

सादगी

सादगी के साथ जिएँ। मैं सिर्फ वैसे कार्य करना चाहता हूँ, जिनका कोई महत्त्व हो। मैं अपने निजी जीवन में इस बात की परवाह नहीं करता कि दूसरे अमीर लोग किस तरह शाही अंदाज में जी रहे हैं। मैं इसलिए 405 फीट की बोट खरीदना नहीं चाहता कि किसी अमीर आदमी के पास 400 फीट की बोट है।

* * *

सहजता

सहजता के साथ सोचें। मैं अपनी गलतियों को स्वीकार करने के लिए तैयार रहता हूँ। इसका मतलब यह है कि मैं केवल ऐसे कार्य करता हूँ, जिन्हें मैं अच्छी तरह समझता हूँ।

* * *

सरलता के साथ निवेश करें। स्टॉक खरीदने का सबसे अच्छा

तरीका है—इंडेक्स फंड के जरिए निवेश करना।

***

मार्गदर्शक

जीवन में किसी को मार्गदर्शक बनाएँ। मैं खुशनसीब था कि मुझे योग्य मार्गदर्शक मिल गए। आप मुझे अपने आदर्श व्यक्ति के बारे में बताएँ, मैं आपको बता दूँगा कि आपकी जिंदगी किस दिशा में जाने वाली है। आप जिन व्यक्तियों को अपना आदर्श मानते हैं, उनके गुणों को अभ्यास के जरिए अपने व्यक्तित्व का हिस्सा बना सकते हैं।

***

साधन

धन कमाना ही जीवन का मूल उद्‌देश्य नहीं है। यह जीवन के मूल उद्‌देश्य का बाई-प्रोडक्ट ही होता है। जब आप किसी कार्य से प्यार करते हैं तो उसके लिए तन-मन से जुट जाते हैं। धन कमाने का कार्य भी इसी तरह होता है। धन साध्य नहीं, बल्कि साधन होना चाहिए।

***

आंशिक हित

शेयर को किसी व्यवसाय में अपना आंशिक हित समझें, कागज का एक टुकड़ा मात्र नहीं।

***

लाभ

उस व्यापार को तरजीह दें, जो बिना बहुत अधिक कर्ज के इक्विटी पर उचित लाभ दे।

***

प्रतिशत

मैं 15 प्रतिशत फिलिप फिशर और 85 प्रतिशत बेन ग्राहम हूँ।

* * *

रक्षक

रक्षक खाई है—व्यापार में सतत कम लागत।

* * *

कीमत

कुछ भी कीमत क्यों न हो, बर्कशायर के स्वामित्व में जो भी अच्छा व्यापार है, हमें उसे बेचने में कोई दिलचस्पी नहीं।

* * *

शेयर बाजार में आम राय से उपजी खुशफहमी की आप बहुत बड़ी कीमत चुकाते हैं।

* * *

नियंत्रण

सूझ-बूझवाला नियंत्रण अनियंत्रित या स्वतंत्रता जैसा प्रतीत होता है।

* * *

लागत

हम कुछ खराब फैसलों की प्रत्यक्ष लागत बरदाश्त करना बेहतर समझते हैं, बजाय इसके कि नियंत्रित प्रबंधन के चलते बहुत धीमे लिये गए फैसलों या न लिये गए फैसलों की अप्रत्यक्ष लागत से हानि उठाएँ।

* * *

व्यापारी

मैं अच्छा निवेशक इसलिए हूँ कि मैं व्यापारी हूँ—और मैं अच्छा व्यापारी इसलिए हूँ कि मैं निवेशक हूँ।

***

साझेदारी

हालाँकि 'बर्कशायर हैथवे' शेयरधारकों के साथ साझेदारी है। 'बर्कशायर हैथवे' के अंतर्गत जितने व्यापार हैं, उनमें से प्रत्येक का प्रबंधक इन साझेदारों के बारे में सोचे।

***

परिमाण

बर्कशायर का लक्ष्य अपने व्यापार और शेयर पूँजी के अंतर्भूत मूल्य को अधिकतम सीमा तक बढ़ाना है, न कि लघु अवधि की उपलब्धियों या बाजार में हिस्से या परिमाण की चिंता करना।

***

परिमाण

बर्कशायर की वरीयता विविधीकृत व्यापार समूह के स्वामित्व में भी है, जो नकदी कमाए और निरंतर लागत पूँजी पर औसत से अधिक लाभ दे।

***

कंपनी के सामने चुनौती है कि जितनी तेजी से वह धनोपार्जन करती है, उतनी ही तेजी से विचार भी उपजाए। पर वे उत्तम लाभ को मुख्य निर्देश मानने के लिए प्रतिबद्ध हैं।

***

जटिल इकाई

क्योंकि 'बर्कशायर हैथवे' अनेक प्रकार के व्यापारों की एक जटिल इकाई है, यह प्रत्येक व्यापार की आय और वित्तीय जानकारी ऐसी सरल भाषा में शेयरधारकों को देती है, जिसे वे समझ सकें। वे चाहते हैं कि उनके प्रबंधक भी इसी तरह सभी संबद्ध तथ्यों की रिपोर्ट दिया करें—भले ही यह कानूनन जरूरी न हो।

❋❋❋

ऋण

कंपनी ऋण का उपयोग बहुत कम करती है। जब कभी यह ऐसा करती है, यह आमतौर पर नियत दर के दीर्घावधि ऋणों का उपयोग करती है। वॉरेन बफे इस बारे में बहुत सतर्क हैं कि कैसे लीवरेज अच्छे या बुरे को संवर्धित कर देती है। वे दोनों स्थितियों में ही लीवरेज की भूमिका न होना पसंद करेंगे। बर्कशायर अपने संचालित व्यापारों से भी यही अपेक्षा रखती है।

❋❋❋

जोखिम

अगर प्रबंधकों से व्यापार योजनानुसार अच्छा न चले, विशेषतः जब वे मुख्यालय को लौटाने की बजाय अधिक पूँजी का इस्तेमाल कर रहे हों तो वे अपना बोनस जोखिम में डालें।

❋❋❋

गारंटी

अनुबंध आपके निरंतर हित की गारंटी नहीं। हम तो आपकी बातों पर विश्वास करते हैं।

❋❋❋

मंदी में खरीदो, तेजी में बेचो

'मंदी में खरीदो, तेजी में बेचो।' बजाय इसके कि 'तेजी में खरीदो, मंदी में बेचो' के प्रलोभन जाल में फँसे, जैसाकि बहुत से निवेशकों के साथ अंतत: होता है। ऐसे निवेशक समुचित विश्लेषण नहीं करते। वे भेड़-चाल में राहत महसूस करते हैं या फिर ऐसे होते हैं, जिन्होंने शेयर बाजार में दाँव लगाने के लिए कर्ज लिया होता है। वजह जो भी हो, समझदार निवेशक शेयर बाजार के इन चक्रों को भाँप जाते हैं और आधारभूत व्यापारों पर अपना ध्यान केंद्रित करते हैं।

□□□